The beautiful world of flower stumpworks
花々と小物であやなす立体刺繡

アトリエFil

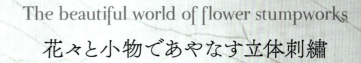

Contents

Various roses
とりどりのバラ

バレリーナ ···················· 4/59
アイスバーグ ···················· 4/60
ルドゥーテのバラ ·············· 5/61
ジュリア ···················· 5/64

Lily of the valley
すずらん ···················· 6/66

Forget-me-not
わすれなぐさ ···················· 7/67

Tulip
原種チューリップ ·············· 10/68

Geranium
ゼラニウム ···················· 11/70

Lilac
ライラック ···················· 12/71

Magnolia
木蓮 ···················· 13/72

Apple blossom
林檎 ···················· 16/73

Olive
オリーブ ···················· 18/74

Poppy
ポピー ···················· 20/75

Blue poppy
ヒマラヤの青い芥子 ········· 22/76

Hydrangea
紫陽花 ···················· 24/77

Water lily
睡蓮 ···················· 25/78

Eucalyptus
ユーカリ ···················· 26/80

Rosemary
ローズマリー ···················· 26/81

Heuchera
ヒューケラ ···················· 27/82

Oat
麦 ···················· 30/83

Acorn
どんぐり ···················· 31/84

Sweet pea
スイートピー ···················· 35/85

Chocolate lily
黒百合 ···················· 36/87

Lily
白百合 ···················· 37/88

Petit corsage & Earrings
わたしを忘れないで ········· 8/89

Hat pin & Brooch
恋文 ··················· 14/89

Rosette
愛の歌 ················· 17/90

Rosette
狩りのポルカ ············· 19/90

Earring
青い衣 ················· 23/92

Ear cuff & Choker
追憶のために ············· 28/92

Swag
タッジーマッジー ··········· 32/94

Head accessory
夜会 ··················· 33/94

Sachet
舞踏会の楽しみ ············ 34/93

Embroidery frame
ぬすまれたキス ············· 38/95

How to make
道具 ··················· 40
材料 ··················· 44

立体刺繍のきほん
1　きほんのステッチ ············· 42
2　花をつくる ················· 43
3　葉と茎をつくる ·············· 48
4　つぼみをつくる① ············· 50
5　つぼみをつくる② ············· 51
6　パーツを組み立てる ··········· 53

立体刺繍のテクニック
1　二重の花びらを組み立てる ··· 54
2　単体の花びらを組み立てる ··· 54
3　白百合のつぼみをつくる ······ 55
4　花心をつくる ················ 56
5　実をつくる ················· 58
6　細い葉をつくる ·············· 58

バレリーナ

LIST OF ILLUSTRATIONS

PLATES IN COLOUR

Various roses
...... とりどりのバラ
page 59〜65

アイスバーグ

皇帝ナポレオンの妻ジョセフィーヌは、マルメゾン宮殿に世界のめずらしいバラを集めたそう。
その庭園からお気に入りのバラを摘んで、立体刺繍に仕立てて。

ルドゥーテのバラ

ジュリア

「ルドゥーテのバラ」は、バラの画家としても知られる18世紀の植物画家
ピエール＝ジョセフ・ルドゥーテの描く優美な植物画からインスピレーションを受けて生まれた品種。

Lily of the valley
······ すずらん ······
page 66

nore beauty and harmony we
victions they give us, of the
ct." Science, to an eighteenth
stick for the chastisement of
His works. Against this back-
n so strange a setting for his

s, however, which is perhaps
k on botani   and
                and his tim
to defend his experiments on
voices, including his friend
ot, here, discuss the ethical
Hales's almost saintlike gentle-
after year at the Teddington
h century standards of animal
ere not yet available, but the

rate partly, in the titles Hales
able Staticks. The word "sta-
ed to vital or organic, pheno-
ubtedly thought of physiology
als as soulless automata. This
to solve the problems he had
nd eye on the sufferings of his
e, man's capacity for dividing

Society on March 13th, 1718.
ed the President that he had
he sun's warmth in raising the
te these experiments and had
Mr. Hales complied with the
s Vegetable Staticks, recording
. In order to appreciate these
evitably in an oversimplified
w to-day of how plants feed,
heir physiology.

ces, the soil and the air. From
lts dissolved in water, are ab-
in the air, the green colouring
esence of light, is able, by a
rbon, which is then combined
drates (sugars, starches, etc.).
ances (e.g. nitrogen, potassium,

小花を下向きになる
ように束ねて、鈴な
りに咲く可憐な姿を
再現してみましょう。
フランスでは5月1
日はスズランの日。
愛する人にこの花を
贈る風習があるそう
です。

FLORA
GRÆCA
Sibthorpiana

CENTURIA TERTIA.
1819

TITLE PAGE FROM SIBTHORP'S *FLORA GRÆCA*, VOLUME III, 1819
By courtesy of the Sherardian Professor of Botany, University of Oxford

Forget-me-not
…… わすれなぐさ ……

page 67

ドイツには、恋人のためにこの花を取ろうとした騎士がドナウ河に流されてしまったという、悲しい伝説があります。騎士の残した「私を忘れないで」という言葉が花の名の由来になっています。

Petit corsage & Earrings
······ わたしを忘れないで ······
page 89

野の花を摘んで飾ったような、さりげなさが魅力のコサージュとイヤリングのセットです。「わすれなぐさ」(p.7)の伝説にちなんでイヤリングには涙を思わせる、しずくの貴石をあしらいました。

Tulip
原種チューリップ……
page 68

素朴な原種のチューリップは西アジア原産。花から根の先まで再現しました。
オスマン帝国を統べるスルタンの居城だったトプカプ宮殿は、チューリップの装飾で彩られています。

Geranium
...... ゼラニウム ......
page 70

古都コルドバの「花の小径」には、真っ白な壁に、この花の鉢植えがいくつも並びます。
刺繡糸で再現するのにもぴったりの厚手の葉は、花より少し下につけるのがポイントです。

41

Lilac
ライラック
page 71

花びらが5枚あるものを飲み込むと、愛する人と永遠に結ばれるのだとか。つぼみを先端につけ、小花の大きさと色を少しずつかえてつけることで、繊細な表情を生んでいます。

Magnolia
木蓮
page 72

中国ではもっとも高貴な花のひとつとされ、気品漂う大輪を枝ぶりまで美しく表現しました。
花びらが大きく、糸目がよく見えるので、ひと針ずつていねいに仕上げましょう。

43

Hat pin & Brooch
…… 恋文 ……
page 89

手のひらサイズに仕立て直した、「ライラック」(p.12)と「すずらん」(p.6)のブローチ。「麦」(p.30)は少女が麦畑から気まぐれに手折ったイメージでハットピンに仕立てました。

Apple blossom
······ 林檎 ······
page 73

STAFFORDSHIRE TEAPOT DECORATED WITH APPLIED RELIEFS, C. 1755
From the Glaisher collection

「まだあげそめし前髪の」で有名な、島崎藤村の詩「初恋」。恋人たちが逢瀬を重ねたのが、りんご畑。出会いはこんな花の季節だったのかも。花とつぼみ、葉を多めにつくってボリューム感を出して。

16

「林檎」(p.16)と「ライラック」(p.12)を散りばめた純白のロゼット。悲劇の皇后エリーザベトが、フランツ・ヨーゼフ1世と婚礼をあげたのは16歳の春。その初々しい姿をイメージして。

Rosette
····· 愛の歌 ·····
page 90

Olive
······ オリーブ ······
page 74

刺繍糸の艶やかさがいっそう引き立つ作品。『旧約聖書』では オリーブの小枝をくわえた鳩がノアの方舟を導くことから平和の象徴とされる植物です。

Rosette
…… 狩りのポルカ ……
page 90

オーストリア皇后エリーザベトも、少女時代には狩りや乗馬を楽しんだそう。彼女から贈られた、「オリーブ」(p.18)と「どんぐり」(p.31)にタータンチェックをあしらったシックなロゼットです。

薄い花びらにとりどりの色をつけて群生します。ギリシャ神話では
眠りの神ヒュプノスの宮殿に咲き乱れていたという、癒しの花。ころんとしたつぼみも魅力です。

24

Blue poppy
…… ヒマラヤの青い芥子 ……
page 76

22　天上の妖精といわれる、ヒマラヤ高地の荒涼な岩場に咲く花。この「幻の花」は19世紀に伝道師などの手によって欧州にもたらされたそう。青く神秘的な姿を立体刺繍で表現してみましょう。

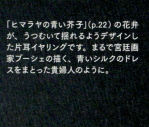

「ヒマラヤの青い芥子」(p.22) の花弁が、うつむいて揺れるようデザインした片耳イヤリングです。まるで宮廷画家ブーシェの描く、青いシルクのドレスをまとった貴婦人のように。

Earring
…… 青い衣 ……
page 92

23

Hydrangea
…… 紫陽花 ……
page 77

少しずつアンティークカラーに色合いをかえていく秋色あじさいを、青や紫の濃淡が美しい
グラデーション染めの刺繍糸を使用して表現しました。5つの配色を施した8輪を、ひと枝にしています。

フランス印象派の画家、モネの庭に咲く睡蓮の色彩を写しとりました。
「純粋な心」の花言葉が似あう白と、花びらのグラデーションが美しいピンクの2色。

25

Eucalyptus
······ ユーカリ ······
page 80

Rosemary
······ ローズマリー ······
page 81

オフィーリアが「愛しい人、私を覚えていて」とハムレットへ渡したローズマリー、
そしてハートの葉形がかわいらしいユーカリ。ローズマリーの細い葉はダーニングかがりで表現しています。

紫、キャラメル、銀葉……鮮やかに
花壇を彩るカラーリーフ。水彩絵の具
を塗り重ねるように濃淡を意識して刺
しうめると、1枚の葉のなかに美しい
表情が生まれます。

Heuchera
····· ヒューケラ ·····
page 82

Ear cuff & Choker
…… 追憶のために ……
page 92

ハートの愛らしい葉形を生かして、「ユーカリ」(p.26)をあしらったアクセサリーのセットです。実を淡水パールにしてカジュアルすぎない上品な雰囲気にまとめました。

Oat
…… 麦 ……
page 83

'FLORA DISPENSING HER FAVOURS ON THE EARTH'
Coloured engraving from R. J. Thornton's *The Temple of Flora*, 1799
By courtesy of the Sherardian Professor of Botany, University of Oxford

春の生き生きとした青麦、秋の収穫を迎えた金麦。大地の恵みをつかさどるローマ神話の女神ケレスは、いつも麦の穂をたずさえています。豊作や希望を象徴する植物です。

刺繍糸がねじれないようにウッドビーズに巻くと、艶やかなどんぐりに仕上がります。
はかまの部分はボタンホール・ステッチでくるみました。

31

スワッグは、魔よけや幸運を呼ぶお守りとして植物を飾る欧州の習慣です。スモーキーな配色にアレンジした「紫陽花」(p.24)、「ユーカリ」(p.26)、「ローズマリー」(p.26)を束ねました。

Swag
…… タッジーマッジー ……
page 94

「木蓮」(p.13) の花枝をそのまま髪に
挿したようなかんざしです。デュラス
の短篇『モデラート・カンタービレ』
では、美しい主人公が晩餐会の装い
に1輪の木蓮をあしらいます。

Head accessory

······ 夜会 ······

page 91

Sachet

…… 舞踏会の楽しみ ……
page 93

かつて仮面舞踏会では、まとった香りで
相手を判断していたとか。「アイスバー
グ」(p.4)のバラを、シックな紫の配色
にかえて、インテリアになじむサシェに。
ポプリを布にくるんでまとめました。

Sweet pea
...... スイートピー ......
page 85

蝶の羽に見える個性的な花びらは、2枚の形違いの花びらを折って縫い重ね、再現しています。蝶のようにはばたく「門出」の花言葉から、卒業やウエディングのために仕立てるのもすてきです。

Chocolate lily
黒百合
page 87

小ぶりな高山植物で、いにしえのアイヌの人々は愛する人の枕元に、そっとこの花を贈ったそう。
恋、呪いという正反対の花言葉を持つ個性的な花です。

レオナルド・ダ・ヴィンチの傑作『受胎告知』では、大天使ガブリエルがこの白百合を手にしています。花心やつぼみまでていねいに仕立てて、芳香をまとった、高貴な花姿を再現しましょう。

Lily
…… 白百合 ……
page 88

「スイートピー」(p.35)と「ゼラニウム」(p.11)
は、その名や伝説に香り高いことをうた
われる花。枠にはったチュールにあしらっ
て仕上げました。今にも香ってきそうな、
におやかなフレームに。

Embroidery frame
…… ぬすまれたキス ……
page 95

How to make
…… つくりかた ……

ワイヤーを輪かくに沿ってとめつけた布に刺繍をしてから、立体的に組み立てるのが、この本の立体刺繍。かつて欧州で生まれた、スタンプワークという刺繍の技法をアレンジして生まれました。布に刺繍する、切り抜く、組み立てるという基本は、どの花も同じです。まずは43～53ページのバラ「バレリーナ」を参考に、立体刺繍でつくる美しい花々のつくりかたを学びましょう。

《表と図案の見方》

刺繍糸材料＆配色表

	段	糸	色番号
花びら	1段	DMC25番刺繍糸	3689 (2)
	2段	OLYMPUS25番刺繍糸	1041 (2)
	3段	DMC25番刺繍糸	3865 (2)
	4段	DMC25番刺繍糸	3865 (1)
	中心	DMC25番刺繍糸	772 (1)
つぼみ・大	1段	DMC25番刺繍糸	3689 (2)
	2段	25番刺繍糸	DMC3689 (1)+OLYMPUS1041 (1)
	3段	DMC25番刺繍糸	3865 (2)
	4段	DMC25番刺繍糸	3865 (1)

DMC3689とOLYMPUS1041の2色の糸を1本ずつ合わせて2本どりにするという意味です。また、「／」の場合は好みでいずれかの糸を使用するという意味。

各パーツに使用する糸と配色です。本書ではおもにDMC25番刺繍糸を使用しています。番号は色番号、（　）内は糸の本数です。表は下の実物大図案と対応しています。

＊ワイヤーをとめつける際と、ボタンホール・ステッチで輪かくを仕上げる際は、輪かくと隣接する段と同じ色の糸を1本どりで使用します。

《実物大図案の見かた》

花びらや葉など、立体刺繍の花をつくるために使用するパーツの実物大図案です。この図案を布に写して刺繍します。図案には使用する糸の色番号とステッチ名を記しています。Sはステッチの略です。

＊色違いがある作品の図案は、「刺繍糸材料＆配色表」Aを基本としています。アレンジ作品やA以外の作品は、配色表を参照してください。
＊ひとつの花のなかで花びらの色をかえる作品は、図案と配色表内の、a～cの記号の配色を参照してください（p.61「ルドゥーテのバラ」など）。

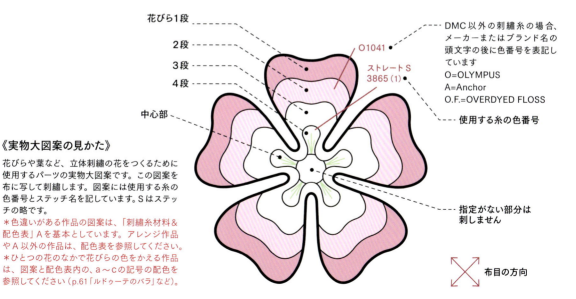

- 花びら1段
- 2段
- 3段
- 4段
- 中心部
- O1041
- ストレートS 3865 (1)
- DMC以外の刺繍糸の場合、メーカーまたはブランド名の頭文字の後に色番号を表記しています
  O=OLYMPUS
  A=Anchor
  O.F.=OVERDYED FLOSS
- 使用する糸の色番号
- 指定がない部分は刺しません
- 布目の方向

Tools
…… 道具 ……

A. 色えんぴつ
図案を布に写すときに使います。使う糸に近い色や、描いたときに見やすい色を選びましょう。

B. 手芸用はさみ
刺し上がった布などをカットするために使用します。細かい部分も切るので先が細く、切れ味のよいものがいいでしょう。

C. 工作用はさみ
ワイヤーや包帯をカットするときに使います。ワイヤーなどかたいものをカットしやすいように、刃が硬質なものを用意して。

D. 刺繍枠
布をはって刺しやすくするための道具です。サイズはいろいろですが、直径10〜12cmくらいの、手に収まる小さめの枠がおすすめです。

E. 刺繍針
刺繍にはフランス刺繍針を使います。実(巻き玉)にはクロスステッチ針が、麦の穂にはバリオンステッチ針がおすすめ。

F. 手芸用ボンド
茎の糸を貼りとめるときなどに使います。布やビーズが接着できる手芸用を用意します。細かな接着にはようじを使うと便利。

G. マーカー
刺繍のすき間の塗り足しや、花心の着色に使います。コピックなどの発色がよいデザイン用がおすすめ。アクリル絵の具でもOK。

a. 熱で消えるペン
図案を写すときにあると便利です。色えんぴつよりもしっかりと写せます。アイロンをかければ熱で消えます。

b. 目打ち
刺しなおしの糸をほどいたり、地巻きワイヤーを布に通す際に穴をあけたりするのに、あると便利です。

Materials
...... 材料 ......

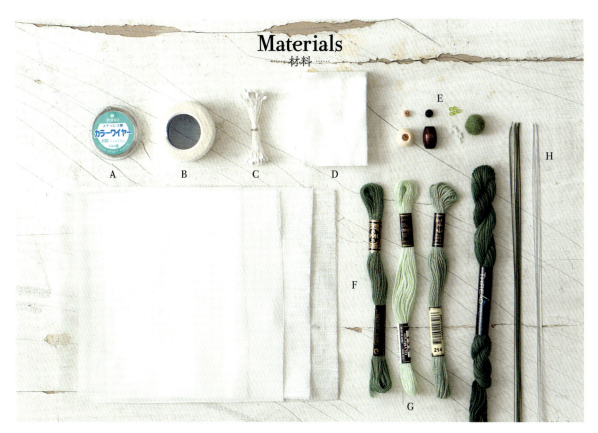

A. ステンレスワイヤー
縫いつけて花びらや葉の輪かくの芯にします。本書ではおもに#30、34を使用しています。

B. くっつく包帯
花心をつくるときに粘着力が強く、丸めるだけで花心をつくれます。ドラッグストアなどで購入できます。

C. ペップ
本書では、素玉ペップをライラックのつぼみとして使用します。

D. カットめん
チューリップの球根に使用しています。

E. ビーズ
丸小ビーズは花心に使用しています。ウッドビーズはどんぐりやオリーブなどの果実、種子の巻き芯として使っています。

F. 布
刺しやすい平織りの麻を使います。
オーガンジー
わすれなぐさやライラックなど。
麻布 薄手
すずらんなど小さめの印象の花に。
麻布 中厚
バラや木蓮など、ボリュームのある花びらに。
麻布 厚手
花心をつくるときに。

G. 刺繍糸
もっともポピュラーな25番刺繍糸を使用しています。6本のよりから、必要な本数を引き抜いて使いましょう。

H. 地巻きワイヤー
紙が巻いてある造花用のワイヤーです。茎や葉をつくるときに緑をよく使います。本書では#26、28、30を多く使用しています。

立体刺繍のきほん

1 きほんのステッチ

本書のステッチは7種類。花や葉を刺しうめるにはロング＆ショート・ステッチ、輪かくを補強するにはボタンホール・ステッチをします。おぼえやすい基本のステッチばかりです。

ストレート・ステッチ

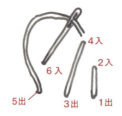

サテン・ステッチ

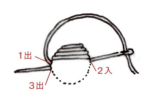

ロング＆ショート・ステッチ

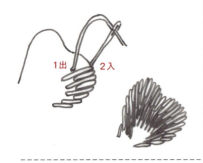

アウトライン・ステッチ

ボタンホール・ステッチ

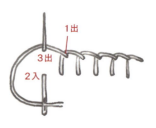

コーチング

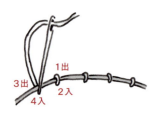

スミルナ・ステッチ

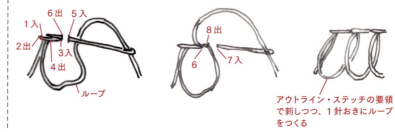

アウトライン・ステッチの要領で刺しつつ、1針おきにループをつくる

立体刺繍のきほん
2
花をつくる

さまざまなパーツを組み合わせる「バレリーナ」(p.59)を例にとり、完成までを詳しく解説します。

POINT：立体刺繍の花は、パーツごとに輪かくにワイヤーを縫いとめて刺繍糸で布を刺しうめます。輪かくに沿って布を切り、花心と茎を中心にして組み立ててつくります。この工程はすべての作品に共通です。

布に図案を写す

1
図案に表を上にした麻布 中厚をのせる。布目の方向がまっすぐになるようにする。パーツによっては図案に対してななめ45度（バイアス）に置くこともある。

2
色鉛筆または熱で消えるペンで図案をなぞり、麻布に写す。色鉛筆は、花びらで使う刺繍糸に近い色を選ぶとよい。

枠にはめる

3
刺繍枠の外枠をはずして内枠に麻布をのせたら、外枠をはめる。布がピンとはるように、枠のねじをしっかりと締める。

ワイヤーを縫いつける

4
花びら(p.59)の、外側から1段めと同じ色の糸を1本どりで針に通し、糸端は玉結びをする。ステンレスワイヤーは長さ60㎝ほどにカットする。

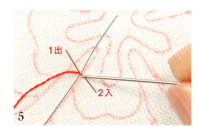

5
ステンレスワイヤーを2の輪かくに重ね、裏から針を出して、ワイヤーをまたいで反対側に針を入れる。輪かくの直線になっている部分を縫いはじめにするとワイヤーがずれにくい。
＊写真で見やすいよう、別の糸を使用

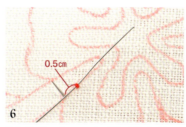

6
輪かくに沿って、コーチング(p.42)でステンレスワイヤーを麻布に縫いつける。針目は0.5㎝程度で縫うとよい。

7
輪かくに沿って1周ワイヤーを縫いつけ、縫いはじめに戻ったら、1㎝残してワイヤーをカットし、0.1㎝間隔で2本のワイヤーをいっしょに縫い重ねる。裏で玉どめして縫い終える。

43

POINT：輪かくのカーブが急なところは、針目の間隔を0.3cmくらいにする。ワイヤーは指で曲げずに、輪かくに沿わせて縫っていくとよい。

刺しはじめる

外側から1段めの糸を長さ1m・2本どりで針に通す。枠を裏に返し、花びらのカーブのあたりで布を2、3針すくったら、糸を引き、糸端を1cmほど残しておく。

花びらの1段めを刺繍する

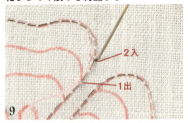

枠を表に返し、針を花びらの輪かくに沿ってカーブのあたりから出したら、ワイヤーをまたいで輪かくの外側に針を入れる。

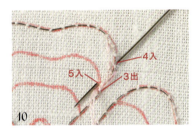

ひとつめの花びらを、2で写した1段めの輪かくとワイヤーの外側に糸を渡しながら、サテン・ステッチ（p.42）する。カーブの手前まで刺し進める。

カーブ部分はロング＆ショート・ステッチ（p.42）で刺す。針目の長さを長・短交互にかえる。短いときは輪かくの間の3分の2程度、長いときは輪かくの上くらいまで。

糸を始末する

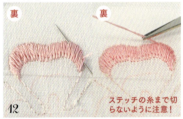

花びら1枚の1段が終わったら、糸の始末をする。枠を裏に返し、糸のみをすくい適当なところに針を出す。玉どめはせずに、糸端を短く切る。刺し終わりや糸がなくなった際も、同様の糸処理をする。

13　9～12をくり返し、花びらの1段めを完成させる。

色をかえて、花びらの2段めを刺繍する

花びらの、2段めの糸を2本どりで用意し、刺しはじめる。
＊写真では見やすいよう、別の糸を使用

ロング＆ショート・ステッチで刺し進める。1段めの針目のすき間をうめるように刺すとよい。2段めは、長短をつけずほぼ同じ長さの針目で刺す。

16 花びら1枚の2段めを刺し終えたところ。

17 15、16をくり返し、花びらの2段めを完成させる。

色をかえて花びらの3段めを刺繍する

18 花びらの、3段めの糸を2本どりで用意し、3段めを刺しはじめる。3段めは各花びらがつながる位置なので、カーブの谷間部分からはじめる。
＊写真では見やすいよう、別の糸を使用

19 花びらのカーブの手前までサテン・ステッチで刺す。

20 カーブ部分はロング＆ショート・ステッチで刺し進める。2段めの針目のすき間をうめるように刺すとよい。

21 18〜20をくり返し、花びらの3段めを完成させる。

花びらの4段めを刺繍する

22 花びらの4段めの糸を1本どりで用意し、ストレート・ステッチ（p.42）で刺しうめる。
＊写真では見やすいよう、別の糸を使用

23 枠を裏に返し、糸の下を通して隣の花びらに針を出す。

24 22〜23をくり返し、花びらの4段めを完成させる。

45

色をかえて中心部を刺繍する

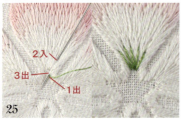

輪かくに沿って刺繍する

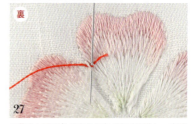

中心部の糸を1本どりで用意し、ストレート・ステッチ（p.42）で中心に向かって放射状に刺す。
＊写真では見やすいよう、別の糸を使用

すべての花びらの中心部を刺したところ。

1段めと同じ色の糸を1本どりで用意し、裏面で糸のみに何度か通して糸端をからめる。
＊写真では見やすいよう、別の糸を使用

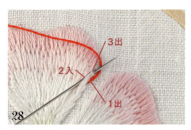

枠を表に返したら、輪かくのすぐ外側に針を出す。輪かくの内側から外側に向かって、輪かくのワイヤーをひと針すくう。

輪かくのワイヤーをすくいながら、0.2cm間隔でボタンホール・ステッチ（p.42）をする。針目の長さは0.2cm程度。ステッチの角度は1段めの糸の向きに合わせて、なじませるとよい。

29をくり返し、ボタンホール・ステッチで輪かくに沿って1周する。糸の色は各段の輪かくの色に合わせて糸をかえる（p.44〜46）。糸の始末は12の要領で行う。

花の形に布を切る

花びらが完成。

刺繍枠から布をはずし、輪かくに沿って、はさみで布を切る。カーブが急なところは、切った部分をよけながら切るとスムーズ。刺繍を切らないように注意する。

花びらを切りとったところ。

花心をつくる

34

35

36

「バレリーナ」は、布をほぐして巻きつけるタイプの花心。2.6×9cmの麻布 厚手を写真のようにカットし、左端から3cm分、上下1cm分だけ布の横糸を抜く。

マーカー（ここでは黄色、茶色、黄緑）で、布に色をつける。中央を黄緑、34で横糸を抜いた部分は黄色と茶色でランダムに塗る。

布を中央で二つ折りにする。

37

38

39

地巻きワイヤー#28を二つ折りにし、36の布端に通してはさむ。

布をワイヤーの先端に、きつめに巻きつける。

ほどけないようにしながら、玉結びをした糸をつけた針で縫いとめる。花心に針を2回ほど貫通させて、布がワイヤーから抜けないようにしっかりと固定する。

花心と花びらを合わせる

40

41

形を整える

42

33の花びらを、表を上にして持ち、39のワイヤーを布の中央に通す。あらかじめ目打ちで中心に穴をあけておくとスムーズ。

花びら中央部分と同じ色の糸を1本どりで用意し、玉結びしたら、花心の下から裏に針を出し、花びらと花心の根元を放射状に縫いとめる。返し針か、見えない位置で玉どめをして糸始末をする。
＊写真では見やすいよう、別の糸を使用

花びらが少しずつ重なり合うように、花の形を整えたら完成。

立体刺繍のきほん
3
葉と茎をつくる

「バレリーナ」(p.59)を例に葉と茎のつくりかたを解説します。

ワイヤーを縫いつける

1
花びらと同じ要領で(p.43 1〜6)、布に葉・大の図案を写して刺繍枠にはめる。地巻きワイヤー#30を二つ折りにし、折り山を葉の先端に合わせ、1段めと同じ色の糸1本どりで縫いつける。

POINT：葉の根元でワイヤーを交差させ、十字に縫いとめる。ワイヤーは切らずに残す。
＊写真では見やすいよう、別の糸を使用

葉の1、2段めを刺繍する

2
1段めの糸を2本どりで用意し、花びらと同じ要領で(p.44 8〜12)、1段めをロング＆ショート・ステッチで刺しうめる。糸をかえ、2段めは1本どりでストレート・ステッチをする。

葉脈を刺繍する

3
葉脈の糸を1本どりで用意し、中央のすき間をアウトライン・ステッチで刺繍する。
＊写真では見やすいよう、別の糸を使用

4
1段めの糸を1本どりで用意し、花びらと同じ要領で(p.46 27〜30)、輪かくをボタンホール・ステッチで1周刺す。

葉の形に布を切る

5
刺繍枠から布をはずしたら、輪かくに沿って布を切る(p.46 32)。ワイヤーは茎にするため切らずに残す。

POINT：より美しく仕上げるなら、輪かくの切り口をマーカーなどで塗りつぶす。色は刺繍糸より薄めのものを選ぶとよい。

6
葉・大が1枚完成したところ。

葉に糸を巻く

7
1〜5をくり返し、葉・大1枚、葉・小4枚をつくる。

8
茎用の糸を1本どりで用意し、二つ折りにしたら、輪の部分に葉・大の根元を重ねる。

9
輪に糸端を通し、葉の根元で糸を結ぶ。

10
糸をすき間なくワイヤーに巻きつける。

11
葉の根元から1.5cmほど糸を巻いたところで、手芸用ボンドでとめつける。

葉を組み立てる

12
表が上になるように葉・小2枚を重ねたら、11の糸ですべてのワイヤーをまとめて巻く。

茎を巻いた分ずらして重ねる

13
糸を茎の下に向かって1.5cmほど巻く。

14
茎が太くならないように、葉・小2本分のワイヤー4本をはさみでカットする。

15
残りの葉・小2枚を12と同じ要領で重ねて、すべてのワイヤーをまとめて巻き、1本の茎にする。

49

葉の形を整える

46
必要な長さ分だけワイヤーに糸を巻いたら、巻き終わりに手芸用ボンドをつけて、糸をとめる。

47
葉を開いて、形を整える。

48
葉が1本完成。

立体刺繍のきほん
4
つぼみをつくる①

「バレリーナ」(p.59)を例につぼみ・大のつくりかたを解説します。

つぼみ・大をつくる

1
花びらと同じ要領で(p.43〜46)、つぼみのパーツ1枚、がくのパーツ1枚を用意する。

芯をつくる

2
地巻きワイヤー#28を二つ折りにし、くっつく包帯6cmの端に通してはさむ。

3
包帯は伸ばしながらワイヤーの先端に巻きつける。しずく形になるように、ときどき包帯を半幅に折りながら巻く。

4
包帯が足りなくなったら途中で足し、写真のサイズにする。

つぼみを組み立てる

5
つぼみの裏を上にして、中心に4のワイヤーを通したら、つぼみの花びらで芯を包む。

50

がくをつける

6 残りの花びらも同様にして形を整える。花びらが組み合うように少しずつずらすと、芯をぴったりと包める。

7 くっつく包帯3cmを横半分に切り、6の根元にきつく巻きつける。これががくの土台になる。

8 がくを外表にして7の土台を包む。がくと同じ糸を1本どりで用意し、玉結びをしたら、がくの両端をかがりとめる。

9 がくの先端をめくり、内側に手芸用ボンドをつける。

10 がくの上部を地巻きワイヤー（材料外）で1周きつく巻いて乾かす。

11 くびれがついたらワイヤーをはずし完成。

立体刺繍のきほん
5
つぼみをつくる②

「バレリーナ」(p.59)を例に、ダーニングかがりと、つぼみ・小のつくりかたを解説します。

糸とワイヤーを準備する

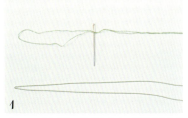

1 ダーニングかがりの準備をする。刺繍糸1本どりを二つ折りにし、針に通す。地巻きワイヤー#30を二つ折りにする。

ダーニングかがりでがくをつくる

2 1のワイヤーで、糸の輪をはさむ。輪に針先をくぐらせて、ワイヤーの折り山に糸を結びつける。

51

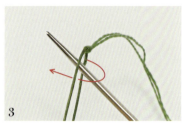

3
ワイヤーに針先を通して、右側に糸をかける。

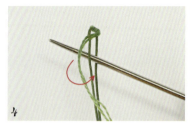

4
同様にして、次にワイヤーの左側に糸をかける。

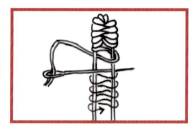

POINT：「ダーニングかがり」は8の字を描くように、左右交互に糸をくぐらせ、ワイヤーに糸を編みつける。

5
3、4をくり返し、1cm程度編みつける。

6
糸を休ませ、ワイヤー1本を曲げて、葉の輪かくをつくる。

7
糸を6のワイヤーに頂点まで沿わせ、3〜5の要領で沿わせた糸もいっしょに、下に向かって糸を編みつける。

8
3〜7をくり返し、1.5cmのダーニングかがりを5本つくる。これが小さなつぼみのがくになる。

つぼみをつくる

9
くっつく包帯2cmを、二つ折りにした地巻きワイヤー#30に巻きつけ（p.50 2〜4）つぼみの芯にする。つぼみ用の糸を2本どりで用意し、サテン・ステッチで花びら部分を刺しうめる。

10
8のがくで9のつぼみの芯を包む。

52

茎に糸を巻く

11 茎用の糸を二つ折りにし、糸の輪に糸端を通してつぼみの根元につけ、ワイヤーに糸を巻く（p.49 8〜10）。

つぼみの形を整える

12 がくの先端をすぼめて、つぼみの形を整える。

13 つぼみ・小が1本完成。

立体刺繍のきほん
6
パーツを組み立てる

「バレリーナ」（p.59）を例に各パーツのまとめかたを解説します。

パーツをそろえる

1 花1本、葉1枝、つぼみ・大1本、つぼみ・小2本を用意する。茎部分に糸を必要な長さ巻いておく（p.49 8〜10）。まとめた部分の茎用の糸は用意しておく。

つぼみ・小2本を束ねる

2 つぼみ・小は、つぼみを少しずらして2本まとめ、上から7〜8cmのところで茎用の糸を巻いて、束ねておく（p.49 8〜10）。

パーツをバランスよく束ねる

3 花1本を中心に、葉1枝、つぼみ・大1本、2を、バランスを見ながらあわせる。

茎を糸で巻く

4 二つ折りにした糸の輪に糸端を通して、すべての茎をまとめたら、茎に糸を巻く（p.49 8〜16）。必要な長さまで糸を巻いたら手芸用ボンドでとめ、茎をカットする。

できた！

つぼみ・小
つぼみ・大
葉
花

53

立体刺繍のテクニック
1
二重の花びらを組み立てる

「アイスバーグ」(p.60)を例に花びらの組み立てかたを紹介。

1 つぼみの芯1本(p.50 2～4)、花びら・大1枚、花びら・小1枚(p.43～46)を用意する。

2 花びら・小の裏を上にして、中心に芯のワイヤーを通す。

3 芯の根元から、花びらで芯を包む。

4 3と反対側の花びらも同様にする。組み合うように少しずつずらす。

5 残りの花びらで、4を囲むように形を整える。

6 5のワイヤーを2の要領で花びら・大に通す。花びらは表が上になるようにする。

7 花びら中央部分と同じ色の糸を1本どりで用意し、玉結びをしたら、花の根元を放射状に縫いとめる。芯まで針を通して、パーツ同士を固定するのがコツ。

立体刺繍のテクニック
2
単体の花びらを組み立てる

「木蓮」(p.72)を例に1枚ずつ分かれた花びらの組み立てかたを紹介。
*写真では見やすいよう、別の糸を使用

1 花心1本(p.47 34～39)、花びら・大6枚、花びら・小2枚(p.43～46)を用意する。

2 花びら・大を表を上に軽くカーブさせる。

3 花心の根元に合わせて、2を重ねる。その際、花びらが外表になるようにする。

4 花びらの中心部と同じ色の糸を1本どりで用意し玉結びをしたら、3の花びらを花心に縫いとめる。針を休める。

5 2枚の花びら・大を、花心を覆うように配置しながら、2～4の要領で花心に縫いとめる。

6 残り3枚の花びら・大で5を囲うように配置しながら、4の要領で花心に縫いとめる。

7 根元用の糸を2本どりで用意し、花びらのワイヤーとまとめて根元に少し巻いたら、花びら・小2枚を対称に加えて巻く。

立体刺繍のテクニック

3
白百合のつぼみをつくる

「白百合」(p.88)を例に3枚の花びらをはぎ合わせる技法を紹介します。

1 つぼみのパーツを用意する。刺繍をし、輪かくをカットする際は、輪かくの周囲0.5cmを残して切る。地巻きワイヤー#28、つぼみの輪かくの形に合わせ切ったキルト芯を用意する。これを3セットそろえる。

2 つぼみを、裏側を上にして置き、キルト芯、ワイヤーをのせる。ワイヤーは1cm程度上に出す。

3 2を、ワイヤーを包むように二つ折りにし、ぐし縫いで縁を縫い合わせる。

4 3を3個つくったら、折り山を中心側にしてまとめ、刺繍部分の先端に針を貫通させて3個を縫いとめる。

5 ワイヤーの先端を持って、3個すべてを反対方向に曲げる。折り山が外側、縫った部分が内側にくる。

6 隣りどうしを、刺繍の輪かくに沿って交互にひと針ずつすくい、はぎ合わせる。

7 6の要領ですべての辺をはぎ合わせる。

8 根元に残った縫い代を隠すように、茎用の糸2本どりでワイヤーを巻いたら完成。

立体刺繍のテクニック
4
花心をつくる

花の完成度を高める精巧な花心。ここでは4タイプの花心のつくりかたを紹介。麻布を巻いてつくるタイプは47ページで確認しましょう。

すずらんの花心

1
1/2の長さにした地巻きワイヤー#30を用意し、丸大ビーズを1個通す。再度ビーズに通して輪にする。

2
両側からワイヤーを引く。

3
ビーズが端にくるようにし、余分なワイヤーはカットする。

4
花びらを用意し、釣鐘状に縫い合わせたら、3のワイヤーを中心に通す。ビーズの下部に手芸用ボンドをつける。

5
ワイヤーを根元まで通して、花心と花びらを固定したら完成。

わすれなぐさの花心

1
1/2の長さにした地巻きワイヤー#30の先端を、小さくU字に曲げる。

2
花心用の糸を1本どりで用意し、二つ折りにした糸の輪を1のU字部分にかけ、輪に糸端を通して糸を結ぶ。ワイヤーのU字部分を閉じる。

3
2の部分にそのまま糸を5回ほど巻き、手芸用ボンドでとめたら完成。

紫陽花の花心

1 地巻きワイヤー#30を用意し、二つ折りにする。

2 1のワイヤーに丸小ビーズを1個通し、折り山の部分までビーズを移動させたら完成。

白百合の花心

1 地巻きワイヤー#30を二つ折りにし、おしべ用の糸DMC725を1本どりで用意して、ダーニングかがり(p.51〜52 1〜5)で糸を編みつける。

2 1を0.8cm程度編みつけたら、糸をDMC14にかえて巻きつける(p.49 8〜11)。1cmほど巻いたら1の糸は切る。

3 1〜2をくり返し、おしべを6個用意する。

4 めしべ用の糸DMC10を2本どりで用意し、同じ要領で二つ折りにした地巻きワイヤー#30にダーニングかがりを編みつける。

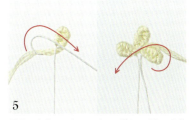

5 写真のように、クローバーの形にワイヤーを曲げながら、ダーニングかがりを続ける。

6 5の先端を90度曲げ、そのまま茎部分にも糸を巻く。めしべを中心に3のおしべ6個をまとめ、根元をワイヤーで巻きとめたら完成。

立体刺繍のテクニック
5
実をつくる

実はウッドビーズに糸を巻いてつくる巻き玉でつくります。「どんぐり」(p.84)の例です。

1 ウッドビーズは直径14mmのものと、穴をふさぐ用の直径5mmのものを用意する。巻く糸の色に近いものだとなおよい。

2 刺繍糸を4本どりで用意し、針に通す。ウッドビーズに通し糸端を10cm残す。

3 糸端を押さえながら、ウッドビーズの穴に針を入れて、糸を巻きつける。

4 すき間なく1周糸を巻いたら、糸を穴の中の糸に絡めてから穴の際でカットする。

5 巻き玉の穴に小さいウッドビーズをはめる。

6 小さいウッドビーズが見えなくなるように、刺繍糸2本どりですき間なくもう1周糸を巻いたら、糸を穴の中の糸に絡めてからカットする。

7 どんぐりの巻き玉が完成。

立体刺繍のテクニック
6
細い葉をつくる

ダーニングかがりで細い葉をたくさんつくるコツを「ローズマリー」(p.81)の例で紹介。

1 51〜52ページ1〜5の要領で、二つ折りにした地巻きワイヤー#30にダーニングかがりを編みつけ、次の葉の輪かくをつくる。

2 糸をワイヤーに沿わせ、頂点から下に向かって、沿わせた糸もいっしょにかがり進める。

3 これをくり返し、ワイヤーで0.7〜1.5cm程度の葉の輪かくをつくりながら糸で編みつけ、3枚の葉の形にする。

4 同じものをもうひとつくり、3に重ねる。葉の根元から0.5cm分2本まとめて巻く。

5 4のワイヤー1本で葉の輪かくをつくる。

6 ダーニングかがりを編みつける。

7 これをくり返し、ダーニングかがりの葉を3枚つくりながら、茎を巻き下ろす。ワイヤーが足りなくなったら、新しいワイヤーで1〜3をつくり、つぎ足す。

Various roses
...... バレリーナ ......
page 4

材料
花(花びら)1輪分
- 麻布 中厚 15×15cm 1枚
- 麻布 厚手 2.6×9.5cm 1枚
- ステンレスワイヤー #30 適量
- 地巻きワイヤー(グリーン) #28 1本

つぼみ・大1輪分
- 麻布 中厚 15×15cm 1枚
- ステンレスワイヤー #30 適量
- くっつく包帯 6cm
- 地巻きワイヤー(グリーン) #28 1本

つぼみ・小1輪分
- 地巻きワイヤー(グリーン) #30 2本
- くっつく包帯 3cm

葉1本分
- 麻布 中厚 15×15cm 5枚
- 地巻きワイヤー(グリーン) #30 5本

つくりかた
43～53ページを参照。

刺繍糸材料&配色表

	段	糸	色番
花びら	1段	DMC25番刺繍糸	3689(2)
	2段	OLYMPUS25番刺繍糸	1041(2)
	3段	DMC25番刺繍糸	3865(2)
	4段	DMC25番刺繍糸	3865(1)
	中心	DMC25番刺繍糸	772(1)
つぼみ・小		DMC25番刺繍糸	3689(2)
		DMC25番刺繍糸	772(1)
茎		DMC25番刺繍糸	988(1)

	段	糸	色番
つぼみ・大	1段	DMC25番刺繍糸	3689(2)
	2段	25番刺繍糸	DMC3689(1)+OLYMPUS1041(1)
	3段	DMC25番刺繍糸	3865(2)
	4段	DMC25番刺繍糸	3865(1)
がく		DMC25番刺繍糸	988(2)
	筋	DMC25番刺繍糸	987(1)
葉・大/小	1段	DMC25番刺繍糸	987(2)
	2段	DMC25番刺繍糸	988(1)
	葉脈	DMC25番刺繍糸	987(1)

*( )内は糸の本数

実物大図案
*指定以外はロング&ショートSで刺す
*指定以外は2本どり

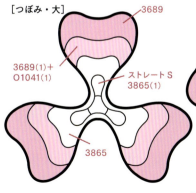

Various roses
...... アイスバーグ ......
page 4

材料
花（花びら）1輪分
- 麻布 中厚 15×15cm 2枚
- ステンレスワイヤー #30 適量
- くっつく包帯 約30cm
- 地巻きワイヤー（グリーン）#26 1本

葉1本分
- 麻布 中厚 15×15cm 3枚
- 地巻きワイヤー（グリーン）#30 3本

つくりかた

1. 麻布に図案を写し、輪かくにステンレスワイヤーを縫いつけ、刺繍する。輪かくをボタンホールSでかがり、切りとる(p.43～46)。花びら・大、小は各1枚つくる。葉・大は1枚、小は2枚つくる(p.48)。

2. 地巻きワイヤーを二つ折りにして、くっつく包帯を巻きつけ芯をつくったら、「二重の花びらを組み立てる」(p.54)を参照し、花を組み立てる。葉を組み立てる(p.49～50)。花と葉を束ねながら、茎用の糸を巻いて仕上げる(p.53 1～4)。

刺繍糸材料＆配色表

花びら・大/小	1段	DMC25番刺繍糸	3865(2)
	2段	DMC25番刺繍糸	3865(2)
	3段	DMC25番刺繍糸	746(2)
	4段	DMC25番刺繍糸	772(1)
葉・大/小	1段	DMC25番刺繍糸	935(2)
	2段	DMC25番刺繍糸	3362(2)
	3段	DMC25番刺繍糸	3363(1)
	葉脈	DMC25番刺繍糸	935(1)
茎		DMC25番刺繍糸	935(2)

*（ ）内は糸の本数

実物大図案
* 指定以外はロング＆ショートSで刺す
* 指定以外は2本どり

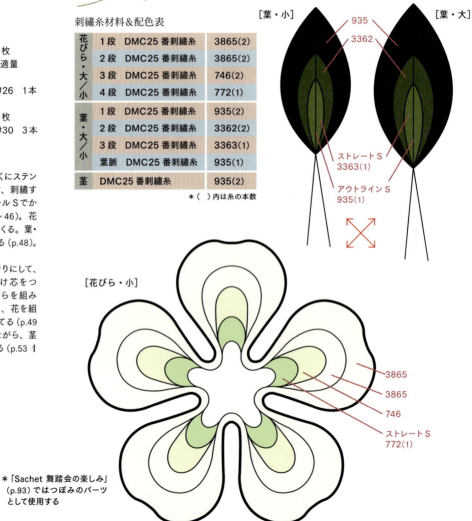

[葉・小] 935 / 3362 / ストレートS 3363(1) / アウトラインS 935(1) [葉・大]

[花びら・小] 3865 / 3865 / 746 / ストレートS 772(1)

*「Sachet 舞踏会の楽しみ」(p.93)ではつぼみのパーツとして使用する

[花びら・大]

746　3865　3865

ストレートS
772(1)

[がく]

サテンS
861

アウトラインS
3363(1)

＊がくのパーツは「Sachet 舞踏会の楽しみ」(p.93)で使用

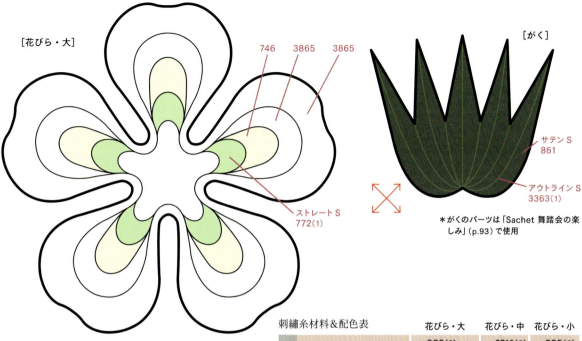

Various roses
…… ルドゥーテのバラ ……
page 5

材料

花（花びら）1輪分
　麻布 中厚　15×15cm　3枚
　麻布 中厚　4×6cm　1枚
　ステンレスワイヤー #30　適量
　くっつく包帯　約3cm
　地巻きワイヤー（グリーン）#26　1本

葉1本分
　麻布 中厚　15×15cm　3枚
　地巻きワイヤー（グリーン）#30　3本

刺繍糸材料＆配色表			花びら・大	花びら・中	花びら・小
花びら	1段	DMC25 番刺繍糸	a:963(2) b:818(2)	a:3716(2) b:151(2)	a:335(2) b:899(2)
	2段	DMC25 番刺繍糸	818(2)	a:151(2) b:963(2)	3733(2)
	3段	DMC25 番刺繍糸	a:819(2) b:818(1)+819(1)	963(2)	3716(2)
	4段	DMC25 番刺繍糸	a:819(2) b:818(1)+819(1)	818(2)	3716(2)
	5段	DMC25 番刺繍糸	819(1)	818(1)	3716(1)
	6段	DMC25 番刺繍糸	746(1)		
がく		DMC25 番刺繍糸	3362(2)		
葉・大/小	1段	DMC25 番刺繍糸	3363(2)		
	2段	DMC25 番刺繍糸	3362(2)		
	3段	DMC25 番刺繍糸	3362(1)		
	葉脈	DMC25 番刺繍糸	3363(1)		
茎		DMC25 番刺繍糸	3362(2)		

＊（　）内は糸の本数

つくりかた

1. 麻布に図案を写し、輪かくにステンレスワイヤーを縫いつけ、刺繍する。輪かくをボタンホールSでかがり、切りとる(p.43〜46)。花びら・大、中、小は各1枚つくる。がくはワイヤーを使わずに同じ要領でつくる。葉・大は1枚、小は2枚つくる(p.48)。

2. 花心をつくる(p.47 34〜39)。麻布4×6cmを図のようにカットし、横糸を抜いてほぐす。マーカーで黄緑、黄色、オレンジに塗り、二つ折りにする。二つ折りにした地巻きワイヤーに麻布をはさんで巻き、縫いとめる。

3. 花心の地巻きワイヤーを花びらの中心に小・中・大の順で通し、根元で花心に縫いとめる(p.54)。根元にくっつく包帯を巻き、がくを通し、縫いとめて組み立てる(p.51 7〜8)。葉も組み立てる(p.49〜50)。

4. 花と葉を束ねながら、茎用の糸を巻いて仕上げる(p.53 1〜4)。

実物大図案
＊花びらはaとbで配色をかえる
＊指定以外はロング＆ショートSで刺す
＊指定以外は2本どり

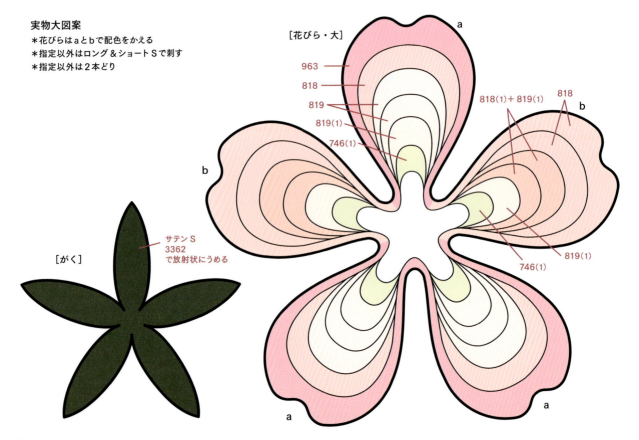

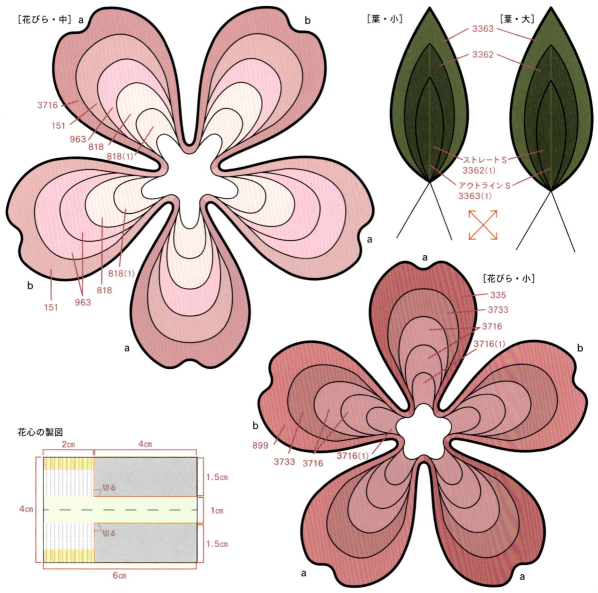

Various roses
…… ジュリア ……
page 5

材料

花（花びら）1輪分
- 麻布 中厚　15×15cm　2枚
- 麻布 厚手　3.6×15cm　1枚
- ステンレスワイヤー #30　適量
- 地巻きワイヤー（グリーン）#26　1本

葉1本分
- 麻布 薄手　15×15cm　3枚
- 地巻きワイヤー（グリーン）#30　3本

刺繍糸材料＆配色表

花びら・大	1 段	DMC25 番刺繍糸	3770(2)
	2 段	DMC25 番刺繍糸	3770(2)
	3 段	DMC25 番刺繍糸	3770(1) + 754(1)
	4 段	DMC25 番刺繍糸	754(2)
	5 段	DMC25 番刺繍糸	402(2)
	6 段	DMC25 番刺繍糸	3776(1)
花びら・小	1 段	DMC25 番刺繍糸	3770(2)
	2 段	DMC25 番刺繍糸	3770(1) + 754(1)
	3 段	DMC25 番刺繍糸	754(2)
	4 段	DMC25 番刺繍糸	402(2)
	5 段	DMC25 番刺繍糸	3776(1)
葉・大	1 段	DMC25 番刺繍糸	3363(2)
	2 段	DMC25 番刺繍糸	3363(1) + 3364(1)
	3 段	DMC25 番刺繍糸	3364(1)
	葉脈	DMC25 番刺繍糸	3363(1)
葉・小	1 段	DMC25 番刺繍糸	3363(2)
	2 段	DMC25 番刺繍糸	3364(1)
	葉脈	DMC25 番刺繍糸	3363(1)
茎		DMC25 番刺繍糸	3364(1)

＊（ ）内は糸の本数

つくりかた

1 麻布 中厚に図案を写し、輪かくにステンレスワイヤーを縫いつけ、刺繍する。輪かくをボタンホールSでかがり、切りとる（p.43〜46）。花びら大・小は各1枚つくる。葉・大は1枚、小は2枚つくる（p.48）。

2 花心をつくる（p.47 34〜39）。麻布 厚手3.6×15cmを図のようにカットし、横糸を抜いてほぐす。マーカーでオレンジ、茶色に塗り、二つ折りにする。二つ折りにした地巻きワイヤーに麻布をはさんで巻き、縫いとめる。

3 花心の地巻きワイヤーを、花びら小、大の順に花びらの中心に通し、根元で花心に縫いとめる（p.54）。葉も組み立てる（p.49〜50）

4 花と葉を束ねながら、茎用の糸を巻いて仕上げる（p.53 1〜4）。

花心の製図

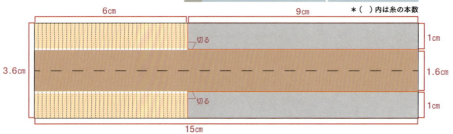

実物大図案
＊指定以外はロング＆ショートＳで刺す
＊指定以外は2本どり

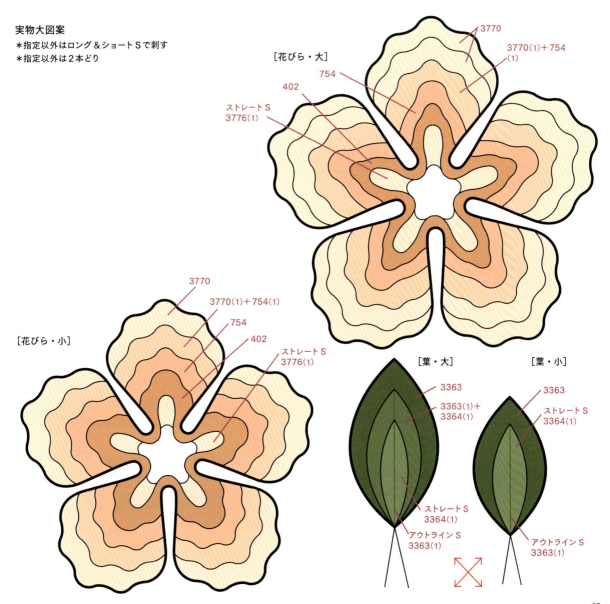

Lily of the valley
…… すずらん ……
page 6

材料
花（花びら）16輪分
- 麻布 薄手 15×15cm 1枚
- 丸大ビーズ（グリーン） 16個
- 地巻きワイヤー（グリーン）#30 8本

葉1枚分
- 麻布 薄手 15×15cm 1枚
- 地巻きワイヤー（グリーン）#30 1本

刺繍糸材料＆配色表

花びら	DMC25 番刺繍糸	3865(1)
花びら	DMC25 番刺繍糸	3865(1)
花柄	DMC25 番刺繍糸	772(2)
葉	DMC25 番刺繍糸	987(2)
葉脈	DMC25 番刺繍糸	988(2)
茎	DMC25 番刺繍糸	988(4)

＊（ ）内は糸の本数

実物大図案

サテンS 987(2)
アウトラインS 988(2)
［葉］

つくりかた

1. 麻布に花びらの図案を写し、ワイヤーを使わずに刺繍する。輪かくをボタンホールSに沿って切りとる（p.43～46）。花が小さいので、1枚の布で16輪ほどできる。「花のつくりかた」（下記）を参照し、花の形にする。葉は1枚つくる（p.48）。

2. 「すずらんの花心」（p.56）を参照し、花心をつくり、1の花の中心にワイヤーを通す。花柄用の糸を花の根元から2cmほど巻く（p.49 8～11）。

3. 1～2の要領で花を7～8輪つくり、少しずつずらしながら束ねて茎用の糸で巻きとめる。

4. 3を2本用意し、葉を加えて茎用の糸で茎を巻いて仕上げる（p.53 1～4）。

花のつくりかた　＊写真は見やすいよう、別の糸を使用

1 花びらを切り抜く。
縫い合わせ位置

2 1を外表になるようにつまみ、縫い合わせ位置をそれぞれ巻きかがりで縫い合わせる。

3 ころんとした花の形になる。

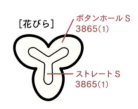

［花びら］
ボタンホールS 3865(1)
ストレートS 3865(1)

Forget-me-not
…… わすれなぐさ ……
page 7

材料
花(花びら) 20輪分
- オーガンジー布　15×15cm　1枚
- 地巻きワイヤー(グリーン)#30　10本

葉1枚分
- 麻布 薄手　15×15cm　1枚
- 地巻きワイヤー(グリーン)#30　1本

刺繡糸材料＆配色表

		A	B	C
花びら	DMC25 番刺繡糸	809(1)	3840(1)	3839(1)
花びら	DMC25 番刺繡糸		3865(1)	
花心	DMC25 番刺繡糸		4080(1)	
葉・大/小	DMC25 番刺繡糸		987(2)	
葉脈	DMC25 番刺繡糸		987(1)	
茎	DMC25 番刺繡糸		987(4)	

＊( )内は糸の本数

つくりかた

1 オーガンジー布に花びらの図案を写し、ワイヤーを使わずに刺繡する。輪かくをボタンホールSに沿って切りとる(p.43〜46)。花が小さいので、1枚の布で20輪ほどできる。葉・大、小は各1枚つくる(p.48)。

2 「わすれなぐさの花心」(p.56)を参照し、花心をつくり、1の花の中心にワイヤーを通す。

3 1〜2の要領で花を5〜8輪つくり、束ねて茎用の糸で巻きとめる。

4 3を6本用意し、葉を加えて茎用の糸で茎を巻いて仕上げる(p.53 1〜4)。

実物大図案
＊花B、Cの配色は配色表を参照
＊花びらの配色はA〜Cを好みで組み合わせる

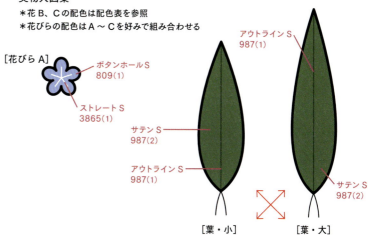

Tulip

…… 原種チューリップ ……
page 10

[花心部分]

- 823で1.5cm分ダーニングかがり
- 772で1cm分ダーニングかがり
- くっつく包帯

材料

花（花びら）1輪分
- 麻布 中厚　15×15cm　1枚
- ステンレスワイヤー #30　適量
- 地巻きワイヤー（グリーン）#26　1本
- 地巻きワイヤー（グリーン）#30　8本
- くっつく包帯　20cm

葉1枚分
- 麻布 中厚　18×18cm　1枚
- 地巻きワイヤー（グリーン）#30　1本

球根1個分
- 麻布 中厚　10×10cm　1枚
- カット綿　適量

刺繍糸材料&配色表

花びら	1段	DMC25番刺繍糸	304(2)
	2段	DMC25番刺繍糸	304(2)
	3段	DMC25番刺繍糸	304(2)
	4段	DMC25番刺繍糸	326(2)
	5段	DMC25番刺繍糸	326(2)
	6段	DMC25番刺繍糸	746(1)
	中心	DMC25番刺繍糸	823(1)

花心	おしべ DMC25番刺繍糸		823(2)
	めしべ DMC25番刺繍糸		772(2)
葉	DMC25番刺繍糸		367(2)
茎	DMC25番刺繍糸		367(4)
	DMC25番刺繍糸		772(4)
球根	DMC25番刺繍糸		3858(3)
	DMC25番刺繍糸		3857(3)
根	DMC25番刺繍糸		822(4)

＊（　）内は糸の本数

つくりかた

1 麻布に花びらの図案を写し、輪かくにステンレスワイヤーを縫いつけ、刺繍する。輪かくをボタンホールSでかがり、切りとる(p.43〜46)。葉は1枚つくる(p.48〜50)。

2 「白百合の花心」(p.57)を参照し、地巻きワイヤー #30 におしべ用の糸で1.5cm分ダーニングかがりしたものを5本、地巻きワイヤー #30 にめしべ用の糸で1cm分ダーニングかがりしたものを3本つくる。すべて束ねて根元をくっつく包帯で巻きとめる。

3 花心と花びらを組み立て(p.47 40〜42)、花の形を整えたら、花びらと花心を縫いとめる。花心のワイヤーに、二つ折りにした地巻きワイヤー #26 を添え、途中で葉を加え、茎用の糸 367 を巻く。葉の下辺りからは糸を 772 にする。

4 「球根のつくりかた」(下記)を参照し、写真のように球根をつくったら、底面に根用の糸でスルミナSを2周し、適度な長さにカットする。

球根のつくりかた

1　茎の先端を3cm程度U字に曲げ、カット綿を巻きつける。

2　球根用の麻布を図案の折り線で折り、1をくるむ。

3　縫い合わせて形を整える。

4　アウトラインSで1列ずつ糸をかえながら、全体を刺しうめる。

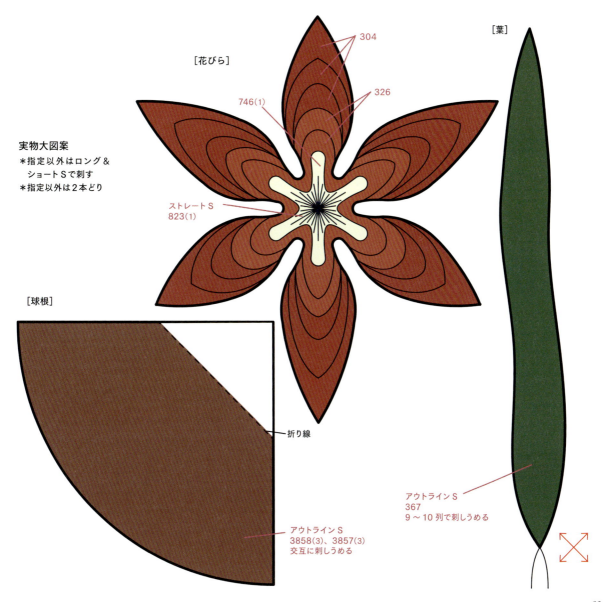

Geranium

…… ゼラニウム ……
page 11

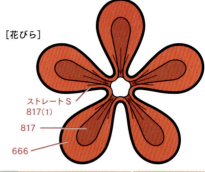

材料

花（花びら）1輪分
- 麻布　薄手　15×15cm　1枚
- ステンレスワイヤー #34　適量
- 地巻きワイヤー（グリーン）#30　1本

つぼみ1輪分
- 麻布　薄手　15×15cm　1枚
- 地巻きワイヤー（グリーン）#30　1本

葉1枚分
- 麻布　薄手　15×15cm　1枚
- 地巻きワイヤー（グリーン）#30　1本

つくりかた

1. 麻布に花びらの図案を写し、輪かくにステンレスワイヤーを縫いつけ、刺繍する。輪かくをボタンホールSでかがり、切りとる（p.43〜46）。つぼみは地巻きワイヤー#30を使い、10cm切り残して、大、小各1枚つくる。葉・大、小は各1枚つくる（p.48）。

2. 花心をつくる。地巻きワイヤーを二つ折りにし、折り山から約0.8cm分に花心用の糸でダーニングかがりをする（p.51〜52　1〜5）。花びらの中心に地巻きワイヤーを通す。

3. つぼみ・大、小は短辺を二つ折りし、花の根元から地巻きワイヤーに茎用の糸を巻く。

4. 花は3輪、つぼみ・大、小は各2輪、葉・大、小を用意し、花とつぼみを束ねて茎用の糸を巻き、葉を加えて仕上げる（p.53　1〜4）。

刺繍糸材料＆配色表

花びら	1段	DMC25番刺繍糸	666(2)
	2段	DMC25番刺繍糸	817(2)
	筋	DMC25番刺繍糸	817(1)
花心		DMC25番刺繍糸	666(2)
つぼみ・大	1段	DMC25番刺繍糸	817(2)
	2段	DMC25番刺繍糸	666(2)
		DMC25番刺繍糸	3346(2)
つぼみ・小		DMC25番刺繍糸	817(2)
		DMC25番刺繍糸	3346(2)

葉・大／小	1段	DMC25番刺繍糸	3346(2)
	2段	DMC25番刺繍糸	3346(2)
	3段	DMC25番刺繍糸	3346(1)+3011(1)
	4段	DMC25番刺繍糸	3347(2)
	5段	DMC25番刺繍糸	3347(1)
	葉脈	DMC25番刺繍糸	3345(1)
茎		DMC25番刺繍糸	3346(2)

＊（　）内は糸の本数

実物大図案
＊指定以外はロング＆ショートSで刺す
＊指定以外は2本どり
＊葉・小の配色とステッチは葉・大の2段め以降と共通

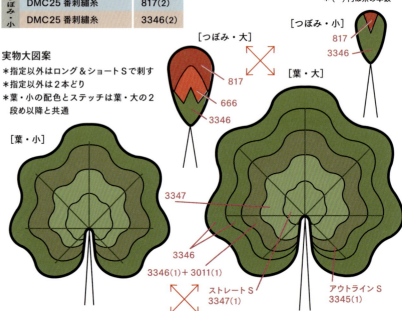

Lilac

…… ライラック ……

page 12

材料
花（花びら）大 3～4 輪、中・小 3～4 輪分
- 麻布 薄手 15×15cm 1枚
- オーガンジー布 15×15cm 1枚
- 素玉ペップ（白）2本
- ステンレスワイヤー #34 適量
- 地巻きワイヤー（白）#30 適量

葉 1 枚分
- 麻布 薄手 15×15cm 1枚
- 地巻きワイヤー（グリーン）#30 1本

刺繍糸材料＆配色表

			A	B	C	D	E	F
花びら・大/中/小	1段	DMC25番刺繍糸	210(2)	211(2)	24(2)	26(2)	210(1)	211(1)
	2段	DMC25番刺繍糸	24(1)		211(1)		24(1)	24(1)
葉・大/小	1段	Anchor25番刺繍糸	267(2)					
	2段	Anchor25番刺繍糸	266(2)					
	3段	Anchor25番刺繍糸	266(2)					
	葉脈	Anchor25番刺繍糸	264(1)					
枝		Anchor25番刺繍糸	264(4)					

＊（ ）内は糸の本数

つくりかた

1. 麻布に花びら・大の図案を写し、輪かくにステンレスワイヤーを縫いつけたら、刺繍する。輪かくをボタンホールSでかがり、切りとる（p.43～46）。花びら・中、小はオーガンジー布でワイヤーを使わずにつくる。花が小さいので、1枚の布で4輪ほどできる。葉・大、小は各1枚つくる（p.48）。

2. 二つ折りにした地巻きワイヤーの先端を1の花びらの2か所に通したら、裏から強くひっぱり花の形を整える。二つ折りにした素玉ペップをマーカーで薄紫色に塗る。

3. 1～2の要領で、花・大は6輪、花・中は8輪、花・小は12輪つくる。ペップ2本を頂点に、花びら・小、大の順で数輪ずつずらしながら束ね、茎用の糸で巻きとめる。

4. 3を4本用意し、葉2枚を加えて茎用の糸で茎を巻いて仕上げる（p.53 1～4）。

実物大図案
＊花 B～D、F の配色は配色表を参照
＊花びら・大の配色は A～D を好みで組み合わせる
＊花びら・中、小の配色は E、F を好みで組み合わせる
＊葉・大／小の配色は共通
＊指定以外はロング＆ショートSで刺す
＊指定以外は2本どり

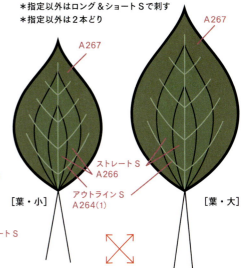

[葉・小] A267　ストレートS A266　アウトラインS A264(1)　[葉・大] A267

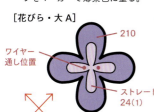

[花びら・大 A] ワイヤー通し位置　210　ストレートS 24(1)

[花びら・中 E] 210(1)　ストレートS 24(1)

[花びら・小 E] 210(1)　ストレートS 24(1)

Magnolia
…… 木蓮 ……
page 13

材料
花（花びら）1輪分
- 麻布 中厚　15×15cm　8枚
- 麻布 中厚　2×15cm　1枚
- ステンレスワイヤー #30　適量
- 地巻きワイヤー（グリーン）#26　3本

つくりかた

1. 麻布 15×15cmに図案を写し、輪かくにステンレスワイヤーを縫いつけ、10cm残して切る。刺繍し、輪かくをボタンホールSでかがったら、切りとる（p.43〜46）。花びら・大は6枚、小は2枚つくる。

2. 花心をつくる（p.47 34〜39）。麻布 2×15cmの長辺を上1cm分の横糸をぬいてほぐす。マーカーで濃ピンク、薄茶色に塗ったら、二つ折りにした地巻きワイヤー #26 にはさみ、手芸用ボンドをつけながら巻きつける。

3. 「単体の花びらの組み立て」（p.54）を参照し、花心と花びらを組み立てる。花の根元を芽用の糸で2cm巻き、残りは茎用の糸で巻く。途中で二つ折りした地巻きワイヤー #26 2本に芽用の糸を2cm、枝用の糸を1cm巻いたものを加えて仕上げる。

刺繍糸材料＆配色表

花びら・大 a	1段 OLYMPUS25 番刺繍糸	850(3)	
	2段 OLYMPUS25 番刺繍糸	850(3)	
	3段 OLYMPUS25 番刺繍糸	850(3)	
	4段 OLYMPUS25 番刺繍糸	850(3)	
	5段 OLYMPUS25 番刺繍糸	850(3)	
花びら・大 b	DMC25 番刺繍糸	3688(2)	
花びら・大 c	OLYMPUS25 番刺繍糸	850(2)	
	DMC25 番刺繍糸	3688(2)	
花びら・大 d	DMC25 番刺繍糸	3688(2)	
	DMC25 番刺繍糸	3687(2)	
	DMC25 番刺繍糸	3803(2)	
花びら・小	1段 OLYMPUS25 番刺繍糸	850(2)	
	2段 OLYMPUS25 番刺繍糸	850(2)	
	3段 OLYMPUS25 番刺繍糸	850(2)	
	DMC25 番刺繍糸	3688(1)	
芽	DMC25 番刺繍糸	581(4)	
枝	根元 DMC25 番刺繍糸	581(4)	
	DMC25 番刺繍糸	839(4)	

＊（ ）内は糸の本数

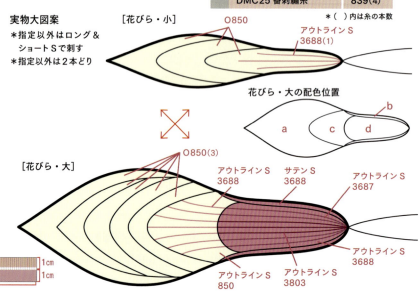

花心の製図
2cm　15cm　1cm　1cm

Apple brossom
…… 林檎 ……
page 16

材料

花（花びら）1輪分
| 麻布　薄手　15×15cm　1枚
| 麻布　薄手　3×4cm　1枚
| ステンレスワイヤー #34　適量
| 地巻きワイヤー（グリーン）#26　3本
| 地巻きワイヤー（グリーン）#30　1本

つぼみ1輪分
| 麻布　薄手　15×15cm　1枚
| ステンレスワイヤー #34　適量
| 地巻きワイヤー（グリーン）#30　1本
| くっつく包帯　適量

葉1枚分
| 麻布　薄手　15×15cm　1枚
| 地巻きワイヤー（グリーン）#30　1本

つくりかた

1 麻布15×15cmに花びらの図案を写し、輪かくにステンレスワイヤーを縫いつけ、刺繡する。輪かくをボタンホールSでかがり、切りとる（p.43〜46）。つぼみはワイヤーを1cm残して、3枚つくる。葉は5枚つくる（p.48）。

2 花心をつくる（p.47 34〜39）。麻布3×4cmを図のようにカットし、横糸を抜いてほぐす。マーカーで黄緑、黄色に塗り、二つ折りにする。二つ折りにした地巻きワイヤーに麻布をはさんで巻き、縫いとめたら、花びらの中心に通す。

3 つぼみを組み立てる。地巻きワイヤー#30の先端にくっつく包帯を丸めてつけ芯にする。それを1のつぼみ3枚で、巻きかがり縫いで縫い合わせてくるむ。先端0.8cmは縫わずにあけておく。

4 1〜3の要領で、花は5輪、つぼみは5輪つくる。花、つぼみ、葉のワイヤーに小枝用の糸を巻く（p.49 8〜11）。

5 4を2つの束にし、小枝用の糸で巻きとめる。それぞれに地巻きワイヤー#26 3本を添え、枝用の糸を巻く。途中で2つの束を合わせて仕上げる（p.53 1〜4）。

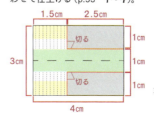

花心の製図

実物大図案
＊指定以外はロング＆ショートSで刺す
＊指定以外は2本どり

刺繡糸材料＆配色表

花びら	1段	DMC25番刺繡糸	23(2)
	2段	DMC25番刺繡糸	3865(1)
つぼみ	1段	DMC25番刺繡糸	335(2)
	2段	DMC25番刺繡糸	3733(1)
	3段	DMC25番刺繡糸	3716(1)

葉	1段	DMC25番刺繡糸	3347(2)
	2段	DMC25番刺繡糸	3346(1)
	葉脈	DMC25番刺繡糸	3347(1)
小枝	DMC25番刺繡糸	3346(2)
枝	DMC25番刺繡糸	898(4)

＊（ ）内は糸の本数

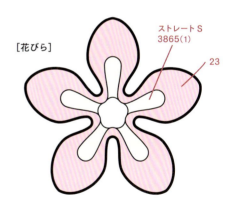

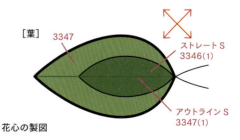

Olive

...... オリーブ ......
page 18

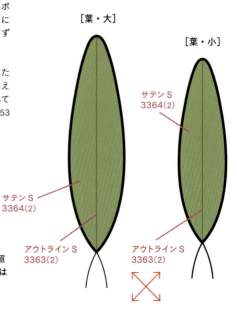

材料

実1枚分
- ナツメ型ウッドビーズ（17mm） 4個
- 地巻きワイヤー（グリーン）#28 2本
- 地巻きワイヤー（グリーン）#30 4本

葉1枚分
- 麻布 中厚 15×15cm 1枚
- 地巻きワイヤー（グリーン）#30 1本

刺繡糸材料＆配色表

実	紫	OLYMPUS25 番刺繡糸	324(4)
	緑	DMC25 番刺繡糸	166(4)
小枝		DMC25 番刺繡糸	3363(2)
葉・大／小	薄緑	DMC25 番刺繡糸	3364(2)
	濃緑	DMC25 番刺繡糸	520(2)
	葉脈	DMC25 番刺繡糸	3363(2)
枝		DMC25 番刺繡糸	3013(4)

＊（ ）内は糸の本数

つくりかた

1 麻布に図案を写し、輪かくに地巻きワイヤーを縫いつけ、8cm残して切る。刺繡し、輪かくをボタンホールSでかがって、切りとる（p.48〜50）。葉・大は4枚、小は3枚つくる。

2 ウッドビーズの中央に両面テープをはり、その上から横に実用の糸を巻いてふくらみを出す。さらにウッドビーズの穴に通しながら糸を巻いて実をつくる（p.58）。紫、緑で各2個つくる。

3 地巻きワイヤー#30の先を小さく曲げ、実に通して、先端に手芸用ボンドをつけてとめる。ワイヤーに小枝用の糸を巻き、実を2個ずつ束ねたものを2本つくる。

4 葉1枚を頂点にし、二つ折りにした地巻きワイヤー#28 2本を添えたら、葉や実を少しずつずらして加えながら、枝用の糸を巻く（p.53 1〜4）。

実物大図案
＊濃緑の葉の配色は配色表を参照
＊葉の大きさと色の組み合わせはお好みで

[葉・大]　[葉・小]

サテンS 3364(2)
サテンS 3364(2)
アウトラインS 3363(2)
アウトラインS 3363(2)

Poppy

...... ポピー ......
page 20

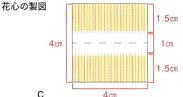

材料

花（花びら）1輪分
- 麻布 薄手　15×15cm　4枚
- 麻布 薄手　2×4cm　1枚
- 麻布 薄手　4×4cm　1枚
- ステンレスワイヤー #34　適量
- 地巻きワイヤー（グリーン）#28　1本

つぼみ1輪分
- 直径15mmフェルトボール　1個
- 地巻きワイヤー（グリーン）#28　2本

葉1枚分
- 麻布 薄手　15×15cm　1枚
- 地巻きワイヤー（グリーン）#30　1本

刺繍糸材料＆配色表

			A	B	C
花びら	1段	DMC25番刺繍糸	608(2)	349(2)	742(2)
花びら	2段	DMC25番刺繍糸	608(2)	349(2)	742(2)
花びら	3段	DMC25番刺繍糸	970(2)	350(2)	743(2)
花びら	4段	DMC25番刺繍糸	741(1)	351(1)	11(1)
つぼみ		DMC25番刺繍糸		349(3)	742(3)
つぼみ		DMC25番刺繍糸		987(3)	987(3)
葉	1段	DMC25番刺繍糸	988(2)／987(2)		
葉	2段	DMC25番刺繍糸	988(1)／987(1)		
葉	葉脈	DMC25番刺繍糸	987(1)／988(1)		
茎		DMC25番刺繍糸	988(4)		

＊（ ）内は糸の本数

つくりかた

1 麻布15×15cmに図案を写し、輪かくにステンレスワイヤーを縫いつけ、7cm残して切る。刺繍し、輪かくをボタンホールSでかがって、切りとる(p.43〜46)。花びらは4枚つくる。葉は1枚つくる(p.48)。

2 花心をつくる(p.47 34〜39)。麻布2×4cmの短辺を二つ折りにし、折り山を上にして地巻きワイヤーに巻きつける。マーカーで黄緑に塗る。

3 麻布4×4cmを上下1.5cm分の横糸をぬいてほぐし、上下を合わせて二つ折りにしたら、マーカーで黄色、オレンジに塗る。2に巻きつけて縫いとめる。

4 花びらの点線部分を、花びらと同じ糸でぐし縫いし、糸を少し引き絞る。花心を中心に花びら4枚を配置して縫いとめたら、花びらの下辺部分を隠すように、根元を茎用の糸で巻く(p49 8〜11)。途中で葉を加えて仕上げる。

5 つぼみをつくる。フェルトボールに図のように刺繍する。地巻きワイヤー2本をフェルトボールの下部に通して二つ折りにし、茎用の糸を巻く。

実物大図案
＊花B〜Cの配色は配色表を参照
＊指定以外はロング＆ショートSで刺す
＊指定以外は2本どり

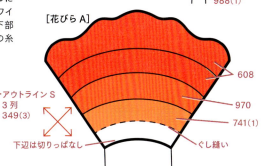

[葉]　988／987
＊刺し残した部分は(1)で刺しうめる

アウトラインS 987(1)／988(1)

[つぼみB]
アウトラインS 987(3)でうめる
アウトラインS 3列 349(3)

[花びらA]
608
970
741(1)
下辺は切りっぱなし
ぐし縫い

花心の製図
1.5cm / 1cm / 1.5cm
4cm / 4cm

Blue poppy

…… ヒマラヤの青い芥子 ……
page 22

[花心部分]

麻布　4×4cm
＊先端にバリオンノットSを刺す

麻布　2×10cm

材料

花（花びら）1輪分
　麻布 薄手　15×15cm　4枚
　麻布 薄手　4×4cm　1枚
　麻布 薄手　2×10cm　1枚
　ステンレスワイヤー #34　適量
　地巻きワイヤー（グリーン）#28　1本

葉1枚分
　麻布 薄手　15×15cm　1枚
　地巻きワイヤー（グリーン）#30　1本

刺繍糸材料＆配色表

花びら	1段 OLYMPUS25番刺繍糸	371A(2)
	2段 DMC25番刺繍糸	996(2)
	3段 DMC25番刺繍糸	996(2)
	4段 DMC25番刺繍糸	3843(2)
	5段 DMC25番刺繍糸	3843(1)
花心	めしべ DMC25番刺繍糸	772(3)
葉	OLYMPUS25番刺繍糸	228(2)
	葉脈 OLYMPUS25番刺繍糸	274(1)
茎	OLYMPUS25番刺繍糸	274(2)

＊（ ）内は糸の本数

実物大図案
＊指定以外はロング＆ショートSで刺す
＊指定以外は2本どり

つくりかた

1 麻布15×15cmに図案を写し、輪かくにステンレスワイヤーを縫いつけ、5cm残して切る。刺繍し、輪かくをボタンホールSでかがって、切りとる（p.43〜46）。花びらは4枚つくる。葉は2枚つくる（p.48）。

2 花心をつくる（p.47 34〜39）。麻布4×4cmを二つ折りにし、折り山を上にして地巻きワイヤーに巻きつけて縫いとめる。マーカーで黄緑色に塗り、めしべ用の糸で、バリオンノットSを20回巻きで先端にひと針刺す（p.83「穂のつくりかた」）。

3 麻布2×10cmの長辺の横糸を、上から1.5cmぬいてほぐし、2に巻きつけて縫いとめる。先端をマーカーでオレンジに塗る。

4 3に花びら2枚を対称に配置して縫いとめ、残りの2枚も同様に、対称に縫いとめて花の形にする。ワイヤーを茎用の糸で巻く。途中で葉2枚を加えて仕上げる（p.49〜50）。

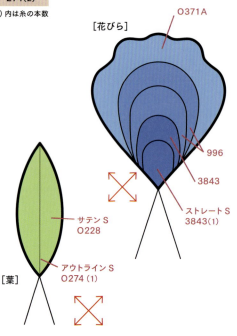

[花びら]
O371A
996
3843
ストレートS
3843(1)

サテンS
O228

[葉]

アウトラインS
O274(1)

Hydrangea
…… 紫陽花 ……
page 24

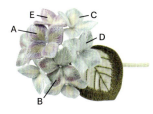

材料
花（花びら）1輪分
- 麻布 薄手 15×15cm 1枚
- 丸小ビーズ（白） 1個
- ステンレスワイヤー #34 適量
- 地巻きワイヤー（白） #30 1本

葉1枚分
- 麻布 薄手 15×15cm 1枚
- 地巻きワイヤー（グリーン） #30 1本

刺繍糸材料＆配色表

			A	B	C	D	E
花びら	1段	OVERDYED FLOSS25 番刺繍糸	178(2)	1781(2)	1351(2)	1351(2)	176(2)
	2段	DMC25 番刺繍糸	524(1)	3813(1)	10(1)	O.F.1351(1)	10(1)
葉	1段	DMC25 番刺繍糸	937(2)				
	2段	DMC25 番刺繍糸	469(1)				
	葉脈	DMC25 番刺繍糸	937(1)				
茎		DMC25 番刺繍糸	772(2)				

＊（ ）内は糸の本数
＊表内「O.F.」の糸は OVERDYED FLOSS25 番刺繍糸

つくりかた

1 麻布に花びらの図案を写し、「花びらのワイヤーのとめつけ」（下記）を参照し、輪かくにステンレスワイヤーを縫いつけ、刺繍する。輪かくをボタンホールＳでかがり、切りとる(p.43〜46)。葉は1枚つくる(p.48)。

2 「紫陽花の花心」(p.57)を参照し、花心をつくり、1の花の中心にワイヤーを通す。

3 花 A、D、E は各1輪、B は2輪、C は3輪つくり、地巻きワイヤーに茎用の糸で巻く(p.49 8〜11)。束ねて茎用の糸で巻き、途中で葉を加えて仕上げる。

花びらのワイヤーのとめつけ

1本のステンレスワイヤーをひと筆描きのようにしてとめつける。

実物大図案
＊花 B〜C の配色は配色表を参照
＊指定以外はロング＆ショートＳで刺す
＊指定以外は2本どり

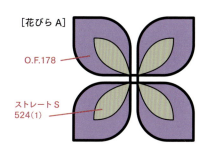

[花びら A]
O.F.178
ストレートＳ
524(1)

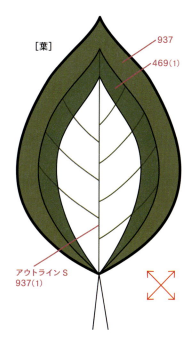

[葉]
937
469(1)
アウトラインＳ
937(1)

Water lily
…… 睡蓮 ……
page 25

A　　B

材料

花（花びら）1輪分
- 麻布 薄手　15×15cm　4枚
- 麻布 薄手　1.5×6cm　1枚
- 麻布 薄手　2×6cm　1枚
- ステンレスワイヤー #30　適量
- 地巻きワイヤー（グリーン）#26　1本

葉1枚分
- 麻布 中厚　15×15cm　1枚
- 地巻きワイヤー（グリーン）#30　1本

つくりかた

1. 麻布に図案を写し、輪かくにステンレスワイヤーを縫いつけ、刺繍する。輪かくをボタンホールSでかがり、切りとる (p.43〜46)。花びら①〜④は各1枚つくる。葉は1枚つくる (p.48)。

2. 花心をつくる (p.47 34〜39)。麻布1.5×6cmの長辺の横糸を、上から1cm抜いてほぐす。地巻きワイヤーに巻きつけて縫いとめる。マーカーでオレンジに塗る。

3. 麻布2×6cmの長辺の横糸を、上から1.5cm抜いてほぐし、2に重ねて巻き、縫いとめる。マーカーで黄色に塗る。地巻きワイヤーは短く切る。

4. 花びら①〜④の順で中表に花びらが互い違いになるように重ね、中心部分を縫いとめる。花の形を整えたら、花心をのせ、裏から縫いとめる。葉に花をのせて縫いとめる。

実物大図案
* 花Bは配色表を参照
* 指定以外はロング＆ショートSで刺す
* 指定以外は2本どり

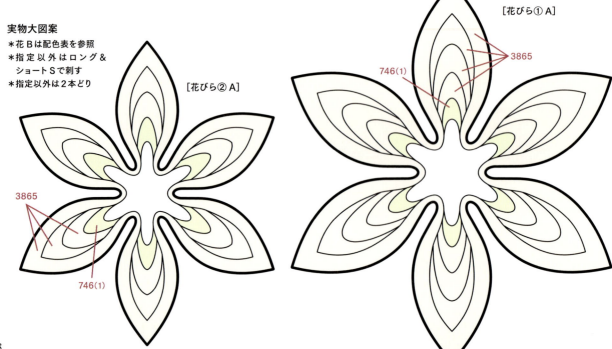

[花びら② A]　[花びら① A]

78

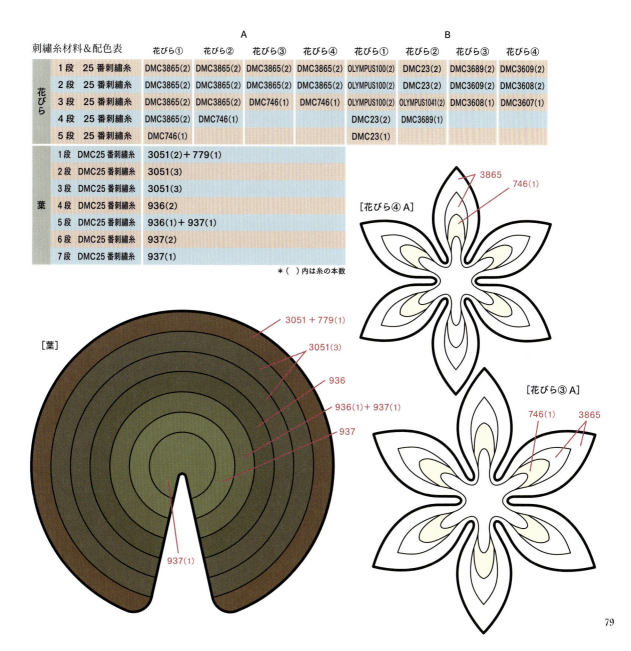

Eucalyptus
...... ユーカリ ......
page 26

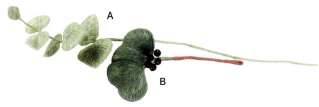

材料
A1本分
- 麻布 薄手 15×15cm 4枚
- 地巻きワイヤー（グリーン）#30 7本

B1本分
- 麻布 薄手 15×15cm 2枚
- ウッドビーズ（5mm） 6個
- 地巻きワイヤー（グリーン）#30 8本

A
刺繡糸材料&配色表

			葉①	葉②	葉③	葉④
葉	1段	DMC25番刺繡糸	369(2)	369(2)	368(2)	369(2)
	2段	DMC25番刺繡糸		368(1)	320(1)	320(1)
	葉脈	DMC25番刺繡糸		369(1)	368(1)	369(1)
茎	DMC25番刺繡糸		320(2)			

＊（ ）内は糸の本数

B
刺繡糸材料&配色表

葉・大	1段	OVERDYED FLOSS25番刺繡糸	1331(2)
	2段	DMC25番刺繡糸	163(2)
	3段	DMC25番刺繡糸	163(2)
	4段	DMC25番刺繡糸	3815(1)
	葉脈	DMC25番刺繡糸	3817(1)
葉・小	1段	DMC25番刺繡糸	163(2)
	2段	OVERDYED FLOSS25番刺繡糸	1331(2)
	3段	DMC25番刺繡糸	3815(2)
	4段	DMC25番刺繡糸	3815(1)
	葉脈	DMC25番刺繡糸	3817(1)
実	OLYMPUS25番刺繡糸		324(2)
小枝	DMC25番刺繡糸		163(1)
枝	DMC25番刺繡糸		3726(1)

＊（ ）内は糸の本数

つくりかた

A
1. 麻布に図案を写し、輪かくに地巻きワイヤーを縫いつけ、10cm残して切る。刺繡し、輪かくをボタンホールSでかがって、切りとる（p.48）。葉①は1枚、②〜④は各2枚つくる。

2. 葉①を頂点に、地巻きワイヤーに茎用の糸を4cm程度巻き、葉②2枚を添える。茎に糸を巻きながら約3cmごとに葉③、④と加えたら、さらに約10cm糸を巻いて仕上げる（p.49〜50）。

B
1. 麻布に図案を写し、輪かくに地巻きワイヤーを縫いつけたら、ワイヤーをそのまま残す。刺繡し、輪かくをボタンホールSでかがって、切りとる（p.48）。葉・大、小は各1枚つくる。

2. ウッドビーズに実用の糸を巻いて、実をつくる（p.58）。地巻きワイヤーの先を小さく曲げ、実に通して、先端に手芸用ボンドをつけてとめる。実は6個つくり、束にして小枝用の糸を巻く（p.49 8〜11）。

3. 1の地巻きワイヤーに枝用の糸を巻き、途中で葉2枚を合わせ、2も加えて仕上げる（p.53 1〜4）。

80

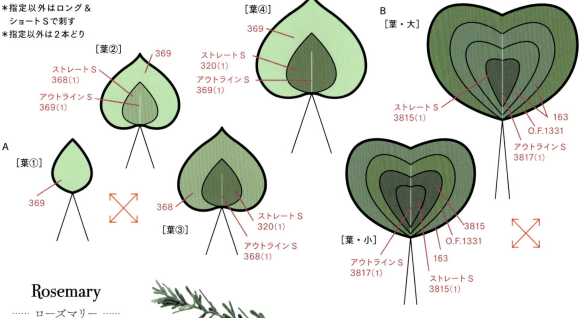

Rosemary
…… ローズマリー ……
page 26

材料
葉1本分
| 地巻きワイヤー（グリーン）#30　適量

花のつくりかた

花用の糸を1m用意し、茎のワイヤーに沿わせておく。葉のパーツを合わせるタイミングで、葉の根元に0.5cmの輪をつくり、茎といっしょに巻いてとめる。

刺繍糸材料&配色表

葉/茎	DMC25番刺繍糸	986(1)
	DMC25番刺繍糸	895(1)
	DMC25番刺繍糸	319(1)
	DMC25番刺繍糸	561(1)
	DMC25番刺繍糸	367(1)
花	DMC25番刺繍糸	340(4)

＊( )内は糸の本数

つくりかた

1. 「細い葉をつくる」(p.58)を参照し、ダーニングかがり(p51、52 1〜5)で葉をつくる。これを4〜5個分つくり、少しずつ位置をずらしながら束ねる。糸の配色は5色を好みで組み合わせる。

2. 適度な長さになったら、すべてのワイヤーをまとめて7cm程度巻いて茎にし、仕上げる(p.49 8〜11)。

Heuchera

…… ヒューケラ ……
page 27

材料
葉1枚分
麻布 中厚　15×15cm　1枚
地巻きワイヤー
　（グリーン）#30　1本

つくりかた

1 麻布に図案を写し、輪かくに地巻きワイヤーを縫いつけたら、4cm残して切る。刺繍し、輪かくをボタンホールSでかがって、切りとる（p.48）。

2 1の地巻きワイヤーに、葉の根元から茎用の糸を巻いて仕上げる（p49 8〜14）。

刺繍糸材料&配色表

			A	B	C	D
葉	1段	DMC25番刺繍糸	907(2)/16(2)/12(2)	522(2)/522(1)+524(1)	3856(2)/3856(1)+402(1)/402(1)+922(1)	3836(2)/3836(1)+3835(1)
	2段	DMC25番刺繍糸	907(2)/907(1)+16(1)	522(1)+524(1)/524(2)	3856(2)/402(2)/922(2)	3836(2)/3836(1)+3835(1)
	3段	DMC25番刺繍糸	907(2)/166(2)	524(2)	402(2)/922(2)	3836(1)+3835(1)
	4段	DMC25番刺繍糸	166(1)	524(1)	977(1)/922(1)	3835(1)
	葉脈	DMC25番刺繍糸	704(2)	3052(1)+3051(1)	922(1)/3856(1)	3834(1)+154(1)
茎	DMC25番刺繍糸		907(4)	16(4)	922(4)	3835(2)+154(2)

＊（　）内は糸の本数

実物大図案
＊葉CはBの図案、葉DはAの図案を使用
＊葉C〜Dの配色は配色表を参照
＊複数の糸の指定がある場合は、途中で色をかえたり、好みで組み合わせる
＊指定以外はロング&ショートSで刺す
＊指定以外は2本どり

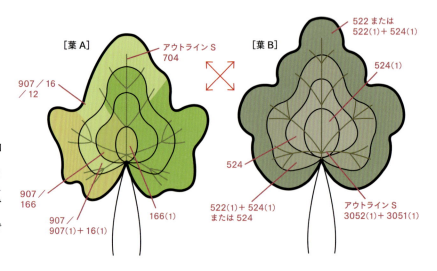

Oat
...... 麦 ......
page 30

材料
穂1本分
| 麻布 薄手　2×3cm　1枚
| 地巻きワイヤー（白）#26　1本

葉1枚分
| オーガンジー布　15×15cm　1枚

刺繍糸材料&配色表

			A	B
穂	1段	DMC25番刺繍糸	16(3)	728(3)
	2段	DMC25番刺繍糸	16(3)	728(3)
	3段	DMC25番刺繍糸	704(3)	783(3)
	4段	DMC25番刺繍糸	704(3)	782(3)
ひげ		DMC25番刺繍糸	16(1)	728(1)
		DMC25番刺繍糸	704(1)	783(1)
葉		DMC25番刺繍糸	704(1)	728(1)／783(1)
茎		DMC25番刺繍糸	16(2)	728(2)

＊（　）内は糸の本数

実物大図案
＊麦Bの配色は配色表を参照

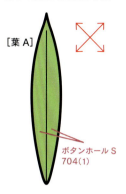

[葉A]

ボタンホールS
704(1)

つくりかた

1 「穂のつくりかた」（下記）を参照し、穂をつくる。

2 オーガンジー布に葉の図案を写し、ワイヤーは使わずに刺繍する。輪かくをボタンホールSでかがって、切りとる（p.48）。

3 穂の根元から茎用の糸を巻き（p.49 8～11）、途中で葉を加えて仕上げる。

穂のつくりかた

1 麻布を二つ折りにした地巻きワイヤーを通してはさみ、写真のように角をカットする。

2 ワイヤーにきつく巻き縫いとめたら、マーカーで黄緑色に塗る。

3 2の下部に針を出し、針に28回糸を巻く（バリオンノットS）。

4 そのまま針を引き、輪にする。

5 隣に針を出す。3、4をくり返し、1段4つほど輪をつくる。

6 下から上に向かって糸をかえながら4段ほどで刺しうめる。

7 20cmに切ったひげ用の糸を二つ折りにして針に通したら、穂に通し、輪に針を通してとめる。すべての穂に同様にし、ひげにする。

8 指先に手芸用ボンドをつけ、ひげをのばす。乾いたら5cm程度に切る。

Acorn

…… どんぐり ……
page 31

材料

実1枚分
- 丸型ウッドビーズ（14mm） 3個
- 丸型ウッドビーズ（5mm） 3個
- 地巻きワイヤー（グリーン）#30 3本

葉1枚分
- 麻布 薄手 15×15cm 1枚
- 地巻きワイヤー（グリーン）#30 1本

刺繍糸材料＆配色表

実	緑	DMC25 番刺繍糸	3012(4)、(2)
	茶	DMC25 番刺繍糸	3045(4)、(2)
はかま		DMC25 番刺繍糸	4145(3)
葉	1段	DMC25 番刺繍糸	3051(2)
	2段	DMC25 番刺繍糸	3051(1)+3052(1)
	3段	DMC25 番刺繍糸	3053(1)
	葉脈	DMC25 番刺繍糸	3051(1)
小枝		DMC25 番刺繍糸	3012(2)
枝		DMC25 番刺繍糸	3051(2)

＊（ ）内は糸の本数

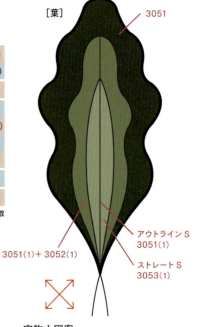

[葉] 3051
3051(1)+3052(1)
アウトラインS 3051(1)
ストレートS 3053(1)

実物大図案
＊指定以外はロング＆ショートSで刺す
＊指定以外は2本どり

つくりかた

1. 麻布に図案を写し、輪かくに地巻きワイヤーを縫いつけ、8cm残して切る。刺繍し、輪かくをボタンホールSでかがって、切りとる(p.48)。葉は2枚つくる。

2. 「実をつくる」(p.58)を参照し、実をつくる。緑、茶で計3個つくる。「はかまのつくりかた」（下記）を参照し、実にはかまをつける。

3. 地巻きワイヤー#30の先を小さく曲げ、実に通して、先端に手芸用ボンドをつけてとめる。ワイヤーに小枝用の糸を巻く(p.49 8〜11)。

4. 実3個、葉2枚を束ね、枝用の糸を巻いて仕上げる(p.53 1〜4)。

はかまのつくりかた

1. 糸を二つ折りにして針に通したら、実の中央2か所をすくい、糸端の輪に針を通して水平に実に糸を巻く。

2. 1で巻きつけた糸に上から下に向けて針を出し、糸をかけてそのまま針を引く（ボタンホールS）。

3. 2のボタンホールSをくり返し、実を1周する。

4. 前の段の針目をすくいながら、2〜3周と続ける。目を減らしながら上部が隠れるまで続け、最後は針目に絡めて始末する。

Sweet pea
...... スイートピー ......
page 35

材料

花（花びら）1 輪分
- 麻布　薄手　15×15cm　2枚
- ステンレスワイヤー #34　適量
- 地巻きワイヤー（グリーン）#30　1本

つぼみ 1 輪分
- 麻布　薄手　15×15cm　1枚
- 地巻きワイヤー（グリーン）#30　1本

葉 1 枚分
- 麻布　薄手　15×15cm　1枚
- 地巻きワイヤー（グリーン）#30　1本

ツル 1 本分
- 地巻きワイヤー（グリーン）#30　1本

刺繍糸材料＆配色表

花びらa	1段	DMC25 番刺繍糸	3832(2)
	2段	DMC25 番刺繍糸	3832(1)+335(1)
	3段	DMC25 番刺繍糸	335(2)
	4段	DMC25 番刺繍糸	818(1)
	中心	DMC25 番刺繍糸	3346(1)
花びらb	1段	DMC25 番刺繍糸	3831(2)
	2段	DMC25 番刺繍糸	3831(1)+3832(1)
	3段	DMC25 番刺繍糸	335(1)
	4段	DMC25 番刺繍糸	818(1)
花心	1段	DMC25 番刺繍糸	3831(2)
	2段	DMC25 番刺繍糸	353(1)
	3段	DMC25 番刺繍糸	818(1)
つぼみ	1段	DMC25 番刺繍糸	818(2)
	2段	DMC25 番刺繍糸	746(1)
	3段	DMC25 番刺繍糸	772(1)
	がく	DMC25 番刺繍糸	3346(1)
葉		DMC25 番刺繍糸	3347(2)
	葉脈	DMC25 番刺繍糸	3347(1)
茎		DMC25 番刺繍糸	3346(2)
ツル		DMC25 番刺繍糸	3346(1)

＊（　）内は糸の本数

つくりかた

1. 麻布に図案（p.86）を写し、輪かくにステンレスワイヤーを縫いつけ、刺繍する。輪かくをボタンホールＳでかがり、切りとる（p.43～46）。花びらは1枚つくる。花心、つぼみはワイヤーを15cm残して各1枚つくる。葉は2枚つくる（p.48～50）。

2. ツルをつくる。地巻きワイヤーにツル用の糸を巻き（p.49 8～11）、ボールペンなどに巻きつけてらせん状に形を整える。

3. 「花のつくりかた」(p.86) を参照し、花を組み立てる。つぼみは外表に二つ折りする。

4. 花は3輪、つぼみは1輪つくり、ワイヤーに茎用の葉を巻く。ツルは2本つくる。

5. 葉2枚とツル2本を合わせ、茎用の糸で巻く。花、つぼみを少しずつずらしながら束ねて茎用の糸を巻き、葉とツルを加えて仕上げる（p.53　1～4）。

85

実物大図案
*指定以外はロング＆ショートSで刺す
*指定以外は2本どり

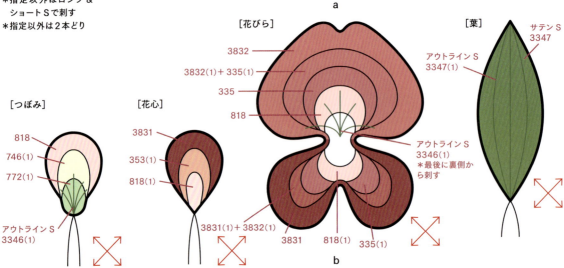

[花びら]
3832
3832(1)＋335(1)
335
818
アウトラインS 3346(1)
*最後に裏側から刺す
3831
818(1)
335(1)
3831(1)＋3832(1)
a
b

[葉]
サテンS 3347
アウトラインS 3347(1)

[つぼみ]
818
746(1)
772(1)
アウトラインS 3346(1)

[花心]
3831
353(1)
818(1)

花のつくりかた　*写真では見やすいよう、別の糸を使用

1 花びら、花心をそれぞれ1輪分ずつ用意する。

2 花びら、花心をそれぞれ写真のように二つ折りする。

3 下辺をそろえながら、花びらの中央に花心を重ねる。

4 花と同色の糸に針を通して玉結びし、花心と花びらの間から裏側に針を出す。

5 花びらと花心の根元部分を巻きかがってとめる。

6 花びらを開く。

7 形を整える。

Chocolate lily
…… 黒百合 ……
page 36

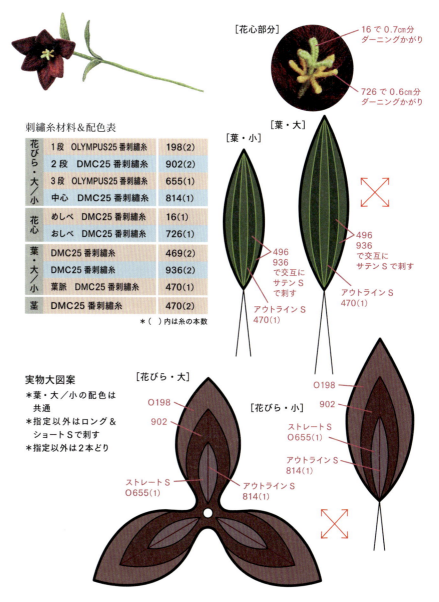

材料

花（花びら）1輪分
- 麻布　中厚　15×15cm　2枚
- ステンレスワイヤー #30　適量
- 地巻きワイヤー（グリーン）#30　2本
- 地巻きワイヤー（白）#30　4本

葉1枚分
- 麻布　薄手　15×15cm　1枚
- 地巻きワイヤー（グリーン）#30　1本

つくりかた

1. 麻布に図案を写し、輪かくにステンレスワイヤーを縫いつけ、刺繍する。輪かくをボタンホールSでかがり、切りとる（p.43〜46）。花びら・大は1枚、花びら・小はワイヤーを10cm残して、3枚つくる。葉・大は1枚、葉・小は2枚つくる（p.48）。

2. 花心をつくる。地巻きワイヤーにめしべ用の糸で0.7cm×3回ダーニングかがりをする（p.57「白百合の花心」4〜5）。

3. 地巻きワイヤーを折り曲げながら、おしべ用の糸で0.6cm×6回ダーニングかがりをする（p.51、52 1〜8）。めしべの中心をおしべで囲み、花びら・大の中心に通す。花びら・小3枚を間に配置する。

4. 3に茎用の糸を巻き（p.49 8〜11）、途中で葉・大、さらに葉・小2枚を対称に加えて仕上げる（p.53 1〜4）。

刺繍糸材料＆配色表

花びら・大／小	1段　OLYMPUS25番刺繍糸	198(2)
	2段　DMC25番刺繍糸	902(2)
	3段　OLYMPUS25番刺繍糸	655(1)
	中心　DMC25番刺繍糸	814(1)
花心	めしべ　DMC25番刺繍糸	16(1)
	おしべ　DMC25番刺繍糸	726(1)
葉・大／小	DMC25番刺繍糸	469(2)
	DMC25番刺繍糸	936(2)
	葉脈　DMC25番刺繍糸	470(1)
茎	DMC25番刺繍糸	470(2)

＊（　）内は糸の本数

実物大図案

＊葉・大／小の配色は共通
＊指定以外はロング＆ショートSで刺す
＊指定以外は2本どり

[花心部分]
- 16で0.7cm分ダーニングかがり
- 726で0.6cm分ダーニングかがり

[葉・大][葉・小]
496・936で交互にサテンSで刺す
アウトラインS 470(1)

[花びら・大][花びら・小]
- O198
- 902
- ストレートS O655(1)
- アウトラインS 814(1)

Lily
白百合
page 37

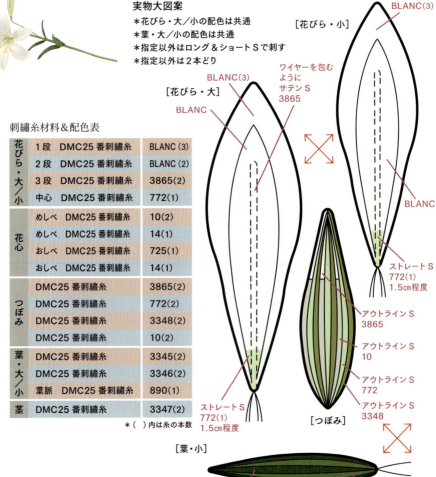

材料

花（花びら）1輪分
- 麻布　中厚　15×15cm　6枚
- ステンレスワイヤー #30　適量
- 地巻きワイヤー（白）#30　7本

つぼみ1輪分
- 麻布　薄手　15×15cm　3枚
- 地巻きワイヤー（グリーン）#28　3本
- キルト芯　適量

葉1枚分
- 麻布　薄手　15×15cm　1枚
- 地巻きワイヤー（グリーン）#30　1本

つくりかた

1 麻布に花びらの図案を写し、輪かくと中央の点線にステンレスワイヤーを縫いつけ、ワイヤーを8cm切り残し刺繍する。輪かくをボタンホールSでかがり、切りとる（p.43〜46）。花びら大・小は各3枚つくる。つぼみは3枚、葉・大、小は各2枚をつくる。(p.48)。

2 「白百合の花心」(p.57)を参照し、花心をつくる。「白百合のつぼみをつくる」(p.55)を参照し、つぼみをつくる。

3 花心と花びらを組み立てる。花心の周囲に花びら・大を配置し、花心のワイヤーに花びらのワイヤー1本を巻いてとめる。花びら・大の間に小を配置して同様に巻きとめる。花の根元を隠すようにBLANC (2) を巻き、茎用の糸にかえて茎を巻く (p.49)。

4 3とつぼみを合わせて茎用の糸を巻き、葉・小2枚、葉・大2枚の順で、2枚を対称に加えて仕上げる (p.53 1〜4)。

刺繍糸材料＆配色表

花びら・大／小	1段	DMC25 番刺繍糸	BLANC (3)
	2段	DMC25 番刺繍糸	BLANC (2)
	3段	DMC25 番刺繍糸	3865 (2)
	中心	DMC25 番刺繍糸	772 (1)
花心	めしべ	DMC25 番刺繍糸	10 (2)
	めしべ	DMC25 番刺繍糸	14 (1)
	おしべ	DMC25 番刺繍糸	725 (1)
	おしべ	DMC25 番刺繍糸	14 (1)
つぼみ		DMC25 番刺繍糸	3865 (2)
		DMC25 番刺繍糸	772 (2)
		DMC25 番刺繍糸	3348 (2)
		DMC25 番刺繍糸	10 (2)
葉・大／小		DMC25 番刺繍糸	3345 (2)
		DMC25 番刺繍糸	3346 (2)
	葉脈	DMC25 番刺繍糸	890 (1)
茎		DMC25 番刺繍糸	3347 (2)

＊（ ）内は糸の本数

Petit corsage & Earrings
…… わたしを忘れないで ……
page 8

材料
コサージュ
「わすれなぐさ」(p.67) 花3枝
「わすれなぐさ」(p.67) 葉2枚
0.3cm幅リボン 100cm
ブローチピン（2.5cm／シルバー） 1個

イヤリング
「わすれなぐさ」(p.67) 花2輪
ドロップ型半貴石メガネ留チャーム
（6×4mm／ロンドンブルートパーズ） 2個
9ピン（1mm／ゴールド） 2本
イヤリング金具（ゴールド） 1組

つくりかた
コサージュ

1. 葉の刺繍糸はDMC563にかえ、「わすれなぐさ」を3枝つくり、2枝には葉を1枚ずつつける。束ねて、長さをそろえ、茎と同じ糸で巻きとめる。

2. 巻とめた部分にブローチピンを手芸用ボンドでとめ、リボンを茎とピンの土台といっしょに巻く。

イヤリング

1. 「わすれなぐさ」の花2輪をつくり、花の裏に半貴石留チャームをつけた9ピンを縫いつける。

2. 9ピンの反対側をヤットコで丸めて、イヤリング金具にとめつける。もうひとつも同様につくる。

[コサージュ]
わすれなぐさ 花
わすれなぐさ 葉
ブローチピン
0.3cm幅リボン

[イヤリング]
イヤリング金具
9ピン
わすれなぐさ 花
ドロップ型半貴石メガネ留チャーム

Hat pin & Brooch
…… 恋文 ……
page 14

材料 1個分
麦のハットピン
「麦B」(p.83) 2本
ハットピン（ゴールド） 1個

ライラックのブローチ
「ライラック」(p.71)
　花・大1輪、中3輪、小5輪
「ライラック」(p.71) つぼみ 4個
「ライラック」(p.71) 葉1枚
＊葉は葉・小の図案を87％に縮小して使用
ブローチピン（2.5cm／シルバー） 1個

つくりかた
麦のハットピン

1. 「麦B」を2本つくる。

2. 1を束ねて、茎と同じ糸で巻きとめる。そこにハットピンを差し入れる。

すずらんのブローチ
「すずらん」(p.66) 花1本
「すずらん」(p.66) 葉1枚
＊葉は葉の図案を50％に縮小して使用
ブローチピン（2.5cm／シルバー） 1個

麦B
ハットピン

つくりかた
ライラックのブローチ

1. 「ライラック」の花・大1輪、中3輪、小5輪、葉1枚、つぼみ4個をつくる。束ねて長さをそろえたら、茎と同じ糸で巻きとめる。

2. 茎にブローチピンを手芸用ボンドでとめ、茎と同じ糸で茎とピンの土台といっしょに巻く。

すずらんのブローチ

1. 「すずらん」の花1本、葉1枚をつくって束ねて、長さをそろえたら、下部を茎と同じ糸で巻きとめる。

2. 葉の裏にブローチピンを縫いつける。

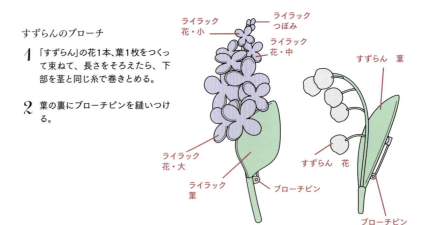

Rosette
…… 愛の歌／狩りのポルカ ……
page 17, 19

材料

花のロゼット
「林檎」(p.73) 花1輪
「林檎」(p.73) つぼみ2輪
「林檎」(p.73) 葉1枚
「ライラック」(p.71)
　花・中2輪、小1輪
幅2.4cmサテンリボン（白）
　90cm、20cm
レース布（白）10×10cm、5×20cm
直径5.5cmフェルト（白） 1枚
直径5cmくるみボタン土台 1個
ブローチピン（2.5cm／ゴールド） 1個
手縫い糸

実のロゼット
「どんぐり」(p.84) 実3個
＊緑2個、茶1個
「どんぐり」(p.84) 葉2枚
「オリーブ」(p.74) 実3個
＊紫2個、緑1個
「オリーブ」(p.74) 葉3枚
＊濃緑2枚、薄緑1枚
幅3.6cmサテンリボン（モスグリーン）
　110cm、30cm
ウール布（タータンチェック）10×10cm
直径5.5cmフェルト（茶色） 1枚
直径5cmくるみボタン土台 1個
ブローチピン（2.5cm／ゴールド） 1個
手縫い糸

つくりかた

1. 花、実、葉のパーツをつくり、ライラック以外はそれぞれを枝にまとめる。

2. レース布（またはウール布）を、くるみボタン土台より縫い代1～2cmとって円形に裁ち、手縫い糸でぐし縫いする。布に土台をのせ、ぐし縫いの糸を引いて土台をくるむ。

3. 長いほうのサテンリボンを丸くひだになるように折る。中央に2を手芸用ボンドではりとめる。

4. 短いサテンリボンは二つ折りにして、3の裏に縫いとめる（「花のロゼット」はレース布5×20cmと重ねて折る）。さらに、中央にブローチピンを縫いとめたフェルトを、裏に手芸用ボンドをつけてはる。

5. 4を表にし、1のパーツを縫いとめる。

Head accessory
…… 夜会 ……
page 33

材料　1個分
- 「木蓮」(p.72)　1枝
- カンザシ金具芯つき（14cm／金古美）　1本

つくりかた
1. 配置表を参考に「木蓮」を1枝つくる。
2. カンザシ金具の芯と1を合わせて、枝と同じ色の糸で芯を隠すように巻きとめる。

刺繍糸材料＆配色表

花びら・大a	1段	DMC25番刺繍糸	819(3)
	2段	DMC25番刺繍糸	819(3)
	3段	DMC25番刺繍糸	819(2)＋353(1)
	4段	DMC25番刺繍糸	819(2)＋353(1)
	5段	DMC25番刺繍糸	819(2)＋353(1)
花びら・大b		DMC25番刺繍糸	353(2)
花びら・大c		DMC25番刺繍糸	353(2)
		DMC25番刺繍糸	352(2)
花びら・大d		DMC25番刺繍糸	352(2)
		DMC25番刺繍糸	3712(2)
		DMC25番刺繍糸	353(2)
花びら・小	1段	DMC25番刺繍糸	819(2)
	2段	DMC25番刺繍糸	819(2)
	3段	DMC25番刺繍糸	819(2)
		DMC25番刺繍糸	353(1)
枝	根元	DMC25番刺繍糸	581(4)
		DMC25番刺繍糸	3839(4)

＊（ ）内は糸の本数

木蓮

カンザシ金具芯つき

花のロゼット
- 林檎　葉
- 林檎　花
- 林檎　つぼみ
- ライラック　花・中
- レース布　10×10cm
- （裏）
  直径5.5cmフェルト
  直径5cmくるみボタン土台　1個
  ブローチピン（2.5cm／ゴールド）　1個
- ライラック　小
- サテンリボン　90cm
- サテンリボン　20cm
- レース布　5×20cm

実のロゼット
- どんぐり　葉
- どんぐり　実
- （裏）
  直径5.5cmフェルト
  直径5cmくるみボタン土台
  ブローチピン
- ウール布
- オリーブ　実
- オリーブ　葉
- サテンリボン　110cm
- サテンリボン　30cm

Earring
…… 青い衣 ……
page 23

材料
「ヒマラヤの青い芥子」(p.76)　花1輪
ガラスビーズ (ターコイズ)　2個
ボールチェーン (ゴールド)　2.5cm　1本
連爪チェーン (ゴールド)　2.5cm　2本
透かしキャップ (ゴールド)　1個
9ピン (20mm／ゴールド)　2本
イヤリング金具 (ゴールド)　1個

つくりかた
1. 「ヒマラヤの青い芥子」の花びらを1輪分つくる。
2. 1の花びらを合わせ、花の根元に手芸用ボンドをつけ、透かしキャップをかぶせてまとめる。中央の穴から9ピンを通し、花の中で連爪チェーン、ボールチェーンをつなぐ。
3. 9ピンにガラスビーズを通し、2とイヤリング金具をつなぐ。

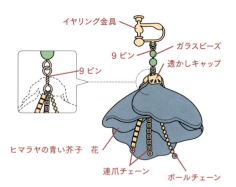

Ear cuff & Choker
…… 追憶のために ……
page 28

材料
イヤーカフ
「ユーカリB」(p.80)　葉・小4枚
＊内2枚は葉の図案を75%縮小して使用
淡水パール (3.5〜4mm／ポテト)　1個
1cm幅オーガンジーリボン (グレー)　20cm
9ピン (20mm／シルバー)　4本
イヤーカフカンつき (シルバー)　1個

チョーカー
「ユーカリB」(p.80)　葉・大、小各1枚
＊葉はそれぞれの図案を60%縮小して使用
淡水パール (3.5〜4mm／ポテト)　3個
1cm幅オーガンジーリボン (グレー)　40cm
9ピン (20mm／シルバー)　1本
丸カン (シルバー)　2個
ヒモ留め (10mm／シルバー)　2個
ヒキワ＆アジャスター (シルバー)　1組

つくりかた
イヤーカフ
1. 配色表を参考に「ユーカリB」の葉・小4枚をつくる。9ピンを添えて茎用の糸でいっしょに茎を巻く。縮小した葉1枚に淡水パールを縫いつける。
2. イヤーカフのカンと1の9ピンをつなぐ。オーガンジーリボンをカンに結ぶ。

チョーカー
1. 配色表を参考に「ユーカリB」の葉・大、小各1枚つくる。大と小の茎に9ピンを添えて茎用の糸でいっしょに巻く。葉・小に淡水パールを縫いつける。
2. オーガンジーリボンを好みの長さに切り、中央裏に1を縫いつける。リボンの両端を折ってからヒモ留めではさむ。
3. ヒキワとアジャスターをそれぞれ丸カンでつなぐ。

刺繍糸材料＆配色表

葉・大	1段	DMC25番刺繍糸	3752(2)
	2段	DMC25番刺繍糸	932(2)
	3段	DMC25番刺繍糸	931(1)＋926(1)
	4段	DMC25番刺繍糸	926(1)
	葉脈	DMC25番刺繍糸	502(1)
葉・小	1段	DMC25番刺繍糸	932(2)
	2段	DMC25番刺繍糸	932(1)＋926(1)
	3段	DMC25番刺繍糸	926(1)
	葉脈	DMC25番刺繍糸	502(1)
枝		DMC25番刺繍糸	3752(2)／932(2)

＊（ ）内は糸の本数

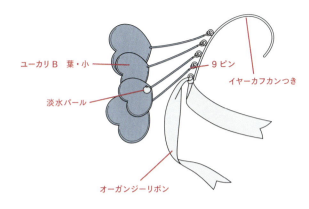

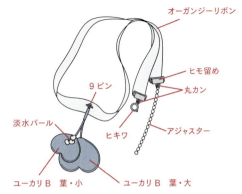

Sachet
...... 舞踏会の楽しみ ......
page 34

材料
- 「アイスバーグ」(p.60) 花1輪
- 「アイスバーグ」(p.60) つぼみ1輪
- 「アイスバーグ」(p.60) 葉1本
- サテン布（ベージュ）15×15cm
- ポプリ 適量
- 0.3cm幅サテンリボン（グリーン）30cm
- 手芸用わた 適量
- 手縫い糸

刺繍糸材料＆配色表

花びら・大/小・つぼみ	1段	DMC25番刺繍糸	315(2)
	2段	DMC25番刺繍糸	3726(2)
	3段	DMC25番刺繍糸	3727(2)
	4段	DMC25番刺繍糸	778(1)
葉	1段	DMC25番刺繍糸	3364(2)
	2段	DMC25番刺繍糸	3363(2)
	3段	DMC25番刺繍糸	3363(1)
	葉脈	DMC25番刺繍糸	3364(1)
がく		DMC25番刺繍糸	3364(2)
	筋	DMC25番刺繍糸	3363(1)
茎		DMC25番刺繍糸	3363(2)

＊（ ）内は糸の本数

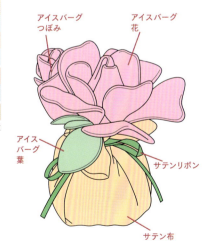

つくりかた

1. 配色表を参考に「アイスバーグ」の花1輪、葉1本をつくる。つぼみは、「アイスバーグ」花びら・小、がくのパーツを使い、「つぼみをつくる①」(p.50)の要領でつくる。花、葉、つぼみを束ねる。

2. サテン布の端から2〜3cm内側を円形状に手縫い糸でぐし縫いする。ポプリを手芸用わたでくるみ、サテン布の中央に置いたらぐし縫いの糸を引き絞り、1を差し入れる。袋口にサテンリボンを結ぶ。

Swag

…… タッジーマッジー ……
page 32

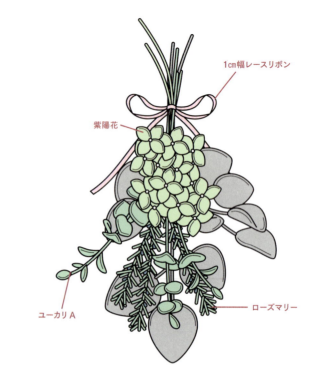

材料
「紫陽花」(p.77)　花15輪
「ユーカリA」(p.80)　葉3本
＊花なし2本、花つき1本
「ローズマリー」(p.81)　葉3本
1cm幅レースリボン（白）　30cm

つくりかた
1　配色表を参考に、「紫陽花」はA～Fの配色で各1輪、G～Hで各2輪、Iで4輪つくり、束ねる。「ユーカリA」、「ローズマリー」は各3本つくる。その際、茎は約25cm長さにする。

2　1を束ね、レースリボンで結びとめる。

＊飾る際は、好みで生花の葉と組み合わせてもよい。本作ではユーカリの葉を添えた

刺繍糸材料&配色表

紫陽花			A	B	C	D	E	F	G	H	I
花びら	1段	DMC25番刺繍糸	3753(2)	3752(2)	524(2)	524(2)	3042(2)	3743(2)	928(2)	928(2)	927(2)
	2段	DMC25番刺繍糸	3752(1)	932(1)	522(1)	3053(1)	3041(1)	3042(1)	3813(1)	927(1)	926(1)
茎		DMC25番刺繍糸	772(2)								
		DMC25番刺繍糸	3348(4)								

ユーカリA			葉①	葉②	葉②-1	葉③	葉③-2	葉④
葉	1段	DMC25番刺繍糸	772(2)	772(2)	369(2)	3817(2)	503(2)	563(2)
	2段	DMC25番刺繍糸		369(1)	563(1)	503(1)	563(1)	3815(1)
	葉脈	DMC25番刺繍糸		772(1)	369(1)	3817(1)	503(1)	563(1)
茎		DMC25番刺繍糸	772(2)／563(2)					

＊葉①は1枚、②～④は各2枚つくり、それぞれ2枚1組で高さをかえてまとめる

＊（ ）内は糸の本数

Embroidery frame
…… ぬすまれたキス ……
page 38

つくりかた

1. 配色表を参考に、「スイートピー」は花3輪、つぼみ1輪、葉2枚、ツル2本をつくり、束ねて1枝にする。「ゼラニウム」も花2輪、つぼみ・大3輪、小2輪、葉2枚をつくって1枝にまとめる。

2. 刺繍枠にチュール布をはり、1を茎と同じ糸で縫いとめる。

材料

「スイートピー」(p.85) 花3輪
「スイートピー」(p.85) つぼみ1輪
「スイートピー」(p.85) 葉2枚
「スイートピー」(p.85) ツル2本
「ゼラニウム」(p.70) 花2輪
「ゼラニウム」(p.70)
　つぼみ・大3輪、小2輪
「ゼラニウム」(p.70) 葉2枚
チュール布（白）　25×20cm
だ円型刺繍枠(20.5×13cm)　1個

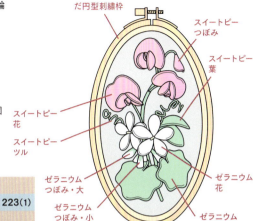

だ円型刺繍枠 / スイートピー つぼみ / スイートピー 葉 / スイートピー 花 / スイートピー ツル / ゼラニウム つぼみ・大 / ゼラニウム つぼみ・小 / ゼラニウム 花 / ゼラニウム 葉

刺繍糸材料＆配色表

スイートピー

部位	段	糸	色番号
花びらa	1段	DMC25番刺繍糸	224(2)
	2段	DMC25番刺繍糸	224(1)+223(1)
	3段	DMC25番刺繍糸	223(2)
	4段	DMC25番刺繍糸	819(1)
	中心	DMC25番刺繍糸	3052(1)
花びらb	1段	DMC25番刺繍糸	152(2)
	2段	DMC25番刺繍糸	224(1)+223(1)
	3段	DMC25番刺繍糸	223(1)
	4段	DMC25番刺繍糸	819(1)
花心	1段	DMC25番刺繍糸	152(2)
	2段	DMC25番刺繍糸	224(1)
	3段	DMC25番刺繍糸	223(1)
つぼみ	1段	DMC25番刺繍糸	223(2)
	2段	DMC25番刺繍糸	819(1)
	3段	DMC25番刺繍糸	772(1)
	がく	DMC25番刺繍糸	3052(1)
葉		DMC25番刺繍糸	523(2)
	葉脈	DMC25番刺繍糸	3052(1)
茎		DMC25番刺繍糸	3052(2)
ツル		DMC25番刺繍糸	3052(1)

ゼラニウム

部位	段	糸	色番号
花びら	1段	DMC25番刺繍糸	3865(2)
	2段	DMC25番刺繍糸	3865(2)
	中心	DMC25番刺繍糸	15(1)
花心		DMC25番刺繍糸	726(2)
つぼみ・大	1段	DMC25番刺繍糸	3865(2)
	2段	DMC25番刺繍糸	3865(2)
		DMC25番刺繍糸	522(2)
つぼみ・小		DMC25番刺繍糸	3865(2)
		DMC25番刺繍糸	522(2)
葉・大／小	1段	DMC25番刺繍糸	522(2)
	2段	DMC25番刺繍糸	522(1)+3052(1)
	3段	DMC25番刺繍糸	524(2)
	4段	DMC25番刺繍糸	524(1)
	葉脈	DMC25番刺繍糸	3052(1)
茎		DMC25番刺繍糸	522(2)

＊（　）内は糸の本数

花々と小物であやなす立体刺繡

2019年10月1日 第1刷発行

著 者　アトリエ Fil（フィル）
発行者　吉田芳史
印刷所　図書印刷株式会社
製本所　図書印刷株式会社
発行所　株式会社日本文芸社
　　　　〒135-0001　東京都江東区毛利 2-10-18 OCMビル
　　　　TEL 03-5638-1660（代表）

Printed in Japan 112190918-112190918 Ⓝ 01（200021）
ISBN978-4-537-21724-7
URL　https://www.nihonbungeisha.co.jp/

©Atelier Fil 2019

印刷物のため、作品の色は実際と違って見えることがあります。
ご了承ください。

本書の一部、または全部をホームページに掲載したり、本書に掲載された作品を複製して店頭やネットショップなどで無断で販売することは、著作権法で禁じられています。

乱丁・落丁本などの不良品がありましたら、小社製作部宛にお送りください。送料小社負担にておとりかえいたします。法律で認められた場合を除いて、本書からの複写・転載（電子化を含む）は禁じられています。また、代行業者等の第三者による電子データ化及び電子書籍化は、いかなる場合も認められていません。
（編集担当：角田）

アトリエ Fil

清弘子、安井しづえによるユニット。長年フランス刺繡を学んだ後、2004年にアトリエ Fil として活動をスタートする。刺繡した花を立体的に仕立てるオリジナルの手法が人気。教室やカルチャーセンター等で立体刺繡のレッスンを行いながら、NHK「すてきにハンドメイド」をはじめさまざまなメディアや、展示会で作品を発表している。『立体刺繡で織りなす、美しい花々とアクセサリー』（日本文芸社）、『刺しゅうのステッチと基本』『花の立体刺しゅう』（ともにブティック社）、『スタンプワークでパリのお菓子』（主婦の友社）ほか著書多数。
https://www.atelier-fil.com/

《撮影協力》
BOUTIQUES JEANNE VALET
東京都渋谷区代官山町 13-6
TEL 03-3464-7612

finestaRt
東京都目黒区碑文谷 4-6-6
TEL 03-5734-1178

《スタッフ》
デザイン　　　　飯塚文子
撮影　　　　　　masaco
　　　　　　　　天野憲仁（株式会社日本文芸社）
スタイリング　　鈴木亜希子
ヘアメイク　　　KOMAKI（nomadica）
モデル　　　　　ガブリエル・グラント（Sugar&Spice）
トレース　　　　WADE手芸部、中央エンジニアリング株式会社
DTP　　　　　　有限会社 zest
編集　　　　　　株式会社スリーシーズン（土屋まり子）
プリンティングディレクション　丹下善尚（図書印刷株式会社）

内容に関するお問い合わせは、
小社ウェブサイトお問い合わせフォームまでお願いいたします。
ウェブサイト　https://www.nihonbungeisha.co.jp/